U0724318

学术顾问：李学勤　罗哲文　俞伟超　曾宪通　彭卿云

短命王朝

李　默／主编

中华文明是人类历史上最伟大的文明之一，是人类文明发展的主要构成。中华文明丰富、深刻、辉煌、博大，在人类文明中的骨干作用和领导作用人所共知。在人类文明的发源时期，中华文明就是四大古文明之一，是地球上文化的策源地之一。

广东旅游出版社
GUANGDONG TRAVEL & TOURISM PRESS
悦读书·悦旅行·悦享人生

中国·广州

图书在版编目（CIP）数据

短命王朝 / 李默主编 . — 广州：广东旅游出版社，
2013.3（2024.8 重印）
ISBN 978-7-80766-453-6

Ⅰ . ①短… Ⅱ . ①李… Ⅲ . ①中国历史－南朝时代－
通俗读物 Ⅳ . ① K239.109

中国版本图书馆 CIP 数据核字 (2012) 第 296813 号

出 版 人：刘志松
总 策 划：李 默
责任编辑：张晶晶 黎 娜
装帧设计：盛世书香工作室 腾飞文化
责任校对：李瑞苑
责任技编：冼志良

短命王朝
DUAN MING WANG CHAO

广东旅游出版社出版发行
（广东省广州市荔湾区沙面北街 71 号首、二层）
邮编：510130
电话：020-87347732（总编室） 020-87348887（销售热线）
投稿邮箱：2026542779@qq.com
印刷：三河市嵩川印刷有限公司
　　　（河北省廊坊市三河市杨庄镇肖庄子村）
开本：650×920mm 16 开
字数：105 千字
印张：10
版次：2013 年 1 月第 1 版
印次：2024 年 8 月第 3 次印刷
定价：45.80 元

出版者识

　　《话说中华文明》是一部全景式图文并茂记录中国文明历史的大书。出版者穷数年之力，会集各方力量——专家、学者、编辑、学术顾问们，在浩如烟海的历史档案、资料、著作中，探珍问宝，追寻中华文明在悠悠历史长河中的灿烂之光。此书的出版，凝聚了编撰者的心血，学术顾问们的智慧。尤其是李学勤先生，亲自动笔写下了序言，更增加了本书沉甸甸的份量。

　　中华文明的历史充满了辉煌与苦难，成就和挫折。它的历史无处不在，决定着我们中国人今天的思想和感情。当今的中国和中国人是中华文明的历史造就的，是中华文明的历史的延伸，也是它的一个组成部分，中华文明的历史之河奔流到现在。

　　中华文明是人类历史上最伟大的文明之一，是人类文明发展的主要构成。中华文明丰富、深刻、辉煌、博大，在人类文明中的骨干作用和领导作用人所共知。在人类文明的发源时期，中华文明就是四大古国之一，是地球上文化的策源地之一。在人类文明的早期，中华文明成为文明在东方的支柱，公元前后200年间，人类的汉帝国与罗马帝国这两只铁手攫住了地球。在欧洲进入中世纪的时候，中华文明更成为人类文明最主要的领导，它的文明统治东亚，传遍世界。进入近代，中华文明处于自身的重压和西方的欺凌下，但中国人民的斗争史和奋起精神是人类文明历史中不可缺少的一页。

　　五千年的中华文明为人类贡献出了从思想家孔子到科学技术的四大发明、从唐诗宋词到长城运河的伟大创造，贡献出了从诸子百家到宋明理学，从商周铜器到明清文学的深刻内涵，也贡献出了从五霸七强到三国纷争、从文景之治到十大武功的辉煌历史。中华文明的历史绚烂多彩，在人类文明的历史长河中永放光芒。

　　中华文明也是人类历史上最独特的文明，没有哪一个文明像中华文明这样持久，这样统一一致。世界上其他文明不但互相交错，其创造者也都与高加索体质的人种有关，它们是姐妹文明。在人类历史中，只有中华文明才是独特的，它的创造者是中国土地上的中国人民，与其它任何地方的人民都没有关系，它的文化是统一一致的文化，可以不依赖于其他任何文明而生存，但中华文明也绝不是封闭的，它接受他人的文化，也承担自己对于人类的责任。

　　人类进入新世纪，中国的社会经济发展令世人瞩目。人们对于世界未来的政治和经济结构的估计无不以东亚和太平洋为中心，而尤以中国为重点。

　　经济起飞只是当代中国的一个方面，中国的精神文明的建设尤为刻不容缓。如果中国要自觉地发展中华文明，要有意识地使中国的发展具有世界意义，就必须发展强有力的精神文化，这样才能使中华文明的发展进入一个新的阶段，才能形成中国和中华文明的全面现代化。

而中国的精神文化的发展植根于中华文明的伟大传统之中。进入近代之后，在西方文化的冲击下，对于中国文化的价值产生大量的情绪化和激烈冲突的论调。"五·四"运动打倒孔家店的口号具有冲破封建束缚的时代意义，对中国文化的发展有不容否认的正面意义，与文化虚无主义是完全不同的。文化虚无主义者否定中国传统文化，在现代化的旗帜下主张全盘西化；而复古主义则沉迷于中国文化的古董，走进反进步、反科学的泥潭。

历史的发展则超越了所有这些论点，产生这些论调的一百多年来的中国近代史已经结束。历史要求中国发展，要求中国走在全世界发展的前列。西化论和复古论都已过时，历史已经要求世界超越西方，中国可以承担起世界的命运，而中国的现实和世界的历史都说明，中国的使命在于它的发展前进，而非倒退。

中华文明走出迷惘的时代，我们这一代处在一个伟大而具有挑战的历史阶段。

总结历史、展望未来，这就是《话说中华文明》的意义和使命。我们创作《话说中华文明》，力求总结和回顾中华文明的全貌，在内容和形式上都开创一个新的局面。在内容结构上，既具有一定的深度，又具有相当的广博性，既有严谨、准确的学术价值，又有活泼、流畅的可读性。我们在两千页的范围内容纳了中华文明的各个方面，使它综合了大规模学术著作的系统性、严密性，和普及读物的全面性、简易性，它既可作为大型工具书检索中华文明的各个成分，又可作为通俗的读物进行浏览。

我们从上世纪90年代初起就开始思考中华文明的历史和现实问题，并逐渐形成了编著《话说中华文明》的设想。在开展这项庞大的文化工程之始，我们就聘请了国内权威学者李学勤、罗哲文、俞伟超、曾宪通、彭卿云诸先生担任学术顾问，他们对计划作了充分讨论，并审阅了大量初稿。我们聘请了广州、香港地区的社会科学学者、大学教师、研究生以及我社编辑人员几十人担任稿件的撰写工作。

通过创作这部书，我们深深地感受到了中华文明的博大精深，也感受到了它的内在缺陷。中华文明具有辉煌的时期，也有苦难的年代，有它灿烂的成就，也有其不足的方面。中华文明在自身中能够吸取充分的经验和教训，就能够使自身健康壮大，成长发展。

通过创作这部书，我们也深深感受到了出版事业的使命和重任。我们希望这部书能受到广大读者的喜爱，起到它所应当起的作用。为中华文明的反省、前进和奋起作一点贡献。

目 录

短
命
王
朝

南朝

420 ~ 580A.D.

南朝

420A.D. 晋元熙二年 宋高祖武皇帝刘裕永初元年 魏泰常五年 西秦建弘元年 北凉玄始九年 西凉嘉兴四年 李恂永建元年 北燕太平十二年夏真兴二年

六月，刘裕称皇帝，建元永初，废晋帝为零陵王，晋亡。

432A.D. 宋元嘉九年 魏延和元年 北凉义和二年 北燕太兴二年

赵广等围宋成都，拥道士枹罕程道养，诈称司马飞龙，立太蜀王。

435A.D. 宋元嘉十二年 魏太延元年 北凉永和三年 北燕太兴五年

正月，北燕称藩于宋，宋封为燕王，称之为黄龙国。

438A.D. 宋元嘉十五年 魏太延四年 北凉永和六年

北燕冯弘遣使请迎于宋，高句丽杀弘，北燕亡。四月，倭国王珍遣使献于宋，以为安东将军。

439A.D.

《罗马法律总结》成。

434A.D. 扶南国王持黎跋摩（或作持黎陀跋摩）遣使献于宋。时佛法已传入扶南。

西罗马帝国将军阿伊喜阿斯率匈奴援兵归罗马，阿伊喜阿斯复任西罗马帝国总司令。

442A.D. 宋元嘉十九年 魏太平真君三年

正月，宋诏兴国子学。魏帝始诣道坛受符箓，自是传为永制。

444A.D. 宋元嘉二十一年 魏太平真君五年

吐谷浑王慕利延杀兄子纬世，纬世弟叱力延等奔魏。沮渠无讳死，弟安周嗣。柔然敕连可汗死，子处罗可汗立。

445A.D. 宋元嘉二十二年 魏太平真君六年

正月朔，宋颁行何承天所上元嘉新历。八月，魏入鄯善，降其王。吐谷浑王慕利延为魏所逼，西走，杀于阗王据其地。史学家范晔卷入谋立被杀。

451A.D. 宋元嘉二十八年 魏太平真君十二年 正平元年

五月，宋青州民司马顺则起事，沙门司马百年应之，称安定王。七月，司马顺则等败死。

452A.D. 宋元嘉二十九年 魏正平二年（南安王馀承平元年）高宗文成皇帝拓跋濬兴安元年

二月，魏中常侍宗爱杀魏帝，立南安王馀。魏宗爱杀其帝拓跋馀。立皇孙濬，是为高宗文成皇帝，杀宗爱等。十二月，魏弛佛教之禁。

462A.D. 宋大明六年 魏和平三年

三月，宋以倭世子兴遣使奉献，授官爵为安东将军倭国王。

七月，宋制沙门致敬人主。宋南徐州从事范阳祖冲之造新历上之。冲之精历算，其计算圆周率之精密，在世界上为最早。

463A.D. 宋大明七年 魏兴安四年

六月，柔然、高丽遣使献于宋。

464A.D. 宋大明八年 魏兴安五年

闰五月，宋孝武帝死，子业嗣，是为前废帝。七月，柔然处罗可汗死，子受罗部真可汗立。

471A.D. 宋泰始七年 魏皇兴五年

八月，魏献文帝传位于子弘，改元延兴，是为高祖孝文皇帝。

472A.D. 宋泰豫元年 魏延兴二年

四月，宋明帝死，皇太子昱嗣。

473A.D. 宋元徽元年 魏延兴三年

七月，宋顾长康、何翌之表上所撰谏林十二卷。八月，宋王俭表上所撰七志三十卷。吐谷浑王拾寅降魏，遣子入侍，自是岁献于魏。

474A.D. 宋元徽二年 魏延兴四年

五月，宋桂阳王休范以清君侧为名起兵寻阳，建康大震；用右卫将军肖道成议，坚守以待。道成使越骑校尉张敬儿诈降，杀休范，破其余党。

476A.D.

印度笈多朝皇帝佛陀笈多约于此年即位（476～495）。至其死时，笈多朝的统治已彻底瓦解。

蛮族雇佣军拥立蛮族军官奥多亚克为总司令（八月二十三日），废罗穆勒斯·奥古斯都，亦未再另立皇帝，罗穆勒斯·奥古斯都成了西罗马帝国最后的皇帝，此政变造成西罗马帝国之灭亡。

481A.D. 齐建元三年 魏太和五年

高车王可至罗杀高昌王阚首归，立张明为王；高昌人杀明，立马儒。

482A.D. 齐建元四年 魏太和六年

正月，齐置国子学生二百人。三月，齐高帝死，皇太子赜嗣。

483A.D. 齐永明元年 魏太和七年

十二月，魏始禁同姓为婚。魏秦州刺史酷暴，州民纷起反抗，魏斩刺史以谢州民。

481A.D.

克罗维斯继其父契尔得利克为色利哀法兰克人之王。克罗维斯自此逐渐向高卢发展。

482A.D.

拜占廷帝国 皇帝散诺公布教义调和方案，引起与教会之决裂。

484A.D.

西哥特王国攸利克卒，子阿拉列二世嗣位为西哥特王。

492A.D. 齐永明十年 魏太和十六年

八月，魏发兵分道击柔然，大破之。齐令太子家令沈约撰宋书。

493A.D. 齐永明十一年 魏太和十七年

齐世祖武皇帝死，孙昭业嗣，后被废，是为郁林王。魏迁都洛阳；十月，诏经营洛都。永明新诗体出现。

494A.D. 齐隆昌元年 魏太和十八年

七月，齐西昌侯肖鸾杀齐帝，贬号郁林王，立新安王昭文，改元延兴。肖鸾大杀齐诸王。十月，肖鸾晋爵为宣城王，旋废齐帝为海陵王，自为皇帝，改元建武，是为高宗明皇帝。

492A.D.

基雷西阿斯一世嗣位为罗马教皇，公开宣称不受皇帝与宗教会议之束缚。并谓尘世上有两大权力并存，一为教会权力，一为帝王权力。

501A.D. 齐永元三年 齐中兴元年 魏景明二年

正月，齐南康王宝融称相国，三月即皇帝位于江陵，改元中兴，是为和帝。肖衍督师至建康，|月，围宫城。十二月，齐雍州刺史王珍国杀齐帝，迎肖衍，以宣德太后令废齐帝为东昏侯。

502A.D. 齐中兴二年 梁天监元年 魏景明三年

二月，肖衍进爵梁王，大杀齐明帝子弟，迎和帝于江陵。四月，肖衍称皇帝，改元天监，是为梁高祖武皇帝，齐亡。

麦积山石窟开凿。巩县石窟初成。

504A.D. 梁天监三年 魏正始元年

五月，梁以扶南国王侨陈如阇耶跋摩为安南将军。

507A.D.

拜占庭帝国筑色雷斯长城以御哥特人。

511A.D. 梁天监十年 魏永平四年

三月，梁琅邪民王万寿杀太守，据朐山降魏，魏发兵援之。梁发兵攻朐山。五月，魏禁天文学。十二月，梁大破魏军，取朐山。

513A.D. 梁天监十二年 魏延昌二年

闰三月，沈约死。

514A.D. 梁天监十三年 魏延昌三年

魏大发兵攻梁益州。梁大发扬徐民作浮山堰。

522A.D. 梁普通三年 魏正光三年

萧统编成《文选》。

523A.D. 梁普通四年 魏正光四年

龙门山佛龛部分完成。

梁人司马达等往日本，司马达等以制鞍为业，在日本大和（今奈良县）坂田原设立草堂崇奉佛教，是为日本僧尼之始。

528A.D.

拜占廷帝国查士丁尼一世就位为拜占廷唯一皇帝，进行第一次波斯战争。

531A.D. 梁中大通三年 魏普泰元年 废帝元朗中兴元年

二月，尔朱世隆等废魏长广王晔，立广陵王羽为帝，改元普泰，是为节闵帝。六月，魏高欢起兵信都，讨尔朱氏。十月，欢立勃海太守元朗为帝。

532A.D. 梁中大通四年 魏普泰二年 太昌元年 永熙元年

闰三月，高欢大破尔朱天光等于邺，四月，高欢前部至洛阳河桥，尽杀尔朱氏之党。高欢废元朗及节闵帝，立平阳王脩为帝，是为孝武皇帝，改元太昌。文学家刘勰去世。

533A.D. 梁中大通五年 魏永熙二年

魏高欢大破尔朱兆，尔朱兆自杀。

531A.D.

波斯　国王库巴德死，子科斯洛埃斯嗣位（531 ~ 579 年）。科斯洛埃斯在位达 50 年，萨珊王朝达到极盛时期。

543A.D. 梁大同九年 西魏大统九年 东魏武定元年

三月，高欢、宇文泰战于洛阳，泰败退关中。

《玉篇》编成。

544A.D. 梁大同十年 西魏大统十年 东魏武定二年

正月，李贲称帝，国号越，建元天德。

《齐民要术著成》。

547A.D. 梁大同十三年 太清元年 西魏大统十三年 东魏武定五年

正月，东魏高欢死。

杨衒之作成《洛阳伽蓝记》。

542A.D.

非洲老鼠将鼠疫传遍欧洲。

551A.D. 梁太清五年 梁大宝二年 西魏大统十七年 齐天保二年

十一月，侯景称帝，国号汉。

552A.D. 梁太清六年 梁大宝三年 梁世祖元皇帝承圣元年 西魏废帝元钦元年 齐天保三年

四月，梁武陵王纪称帝于成都。十一月，梁湘东王绎称帝于江陵，是为世祖元皇帝。

554A.D. 梁承圣三年 西魏废帝三年 恭帝元廓元年 齐天保五年

十月，西魏大发兵攻梁，十一月入江陵，梁元帝降，旋被杀。

555A.D. 梁承圣四年 梁敬绍泰元年 后梁大定元年 西魏恭帝二年 齐天保六年

正月，梁王詧称帝于江陵，改元大定，称藩于西魏，史称后梁。

561A.D. 陈天嘉二年 后梁大定七年 齐皇建二年 齐世祖武成皇帝高湛太宁元年 周高祖武皇帝宇文邕
保定元年

十一月，齐孝昭帝死，弟长广王湛嗣，改元太宁，是为世祖武成皇帝。

562A.D. 陈天嘉三年 后梁大定八年 后梁世宗孝明皇帝肖岿天保元年 齐太宁二年 河清元年 周保定二
年

后梁宣帝死，皇太子岿立，改元天保，是为世宗孝明皇帝。

564A.D. 陈天嘉五年 后梁天保三年 齐河清三年 周保定四年

齐律成，为隋唐律之蓝本。

561A.D.
法兰克王国克罗特尔卒，其四子又第二次分割法兰克之统治权。

574 年 陈太建六年 后梁天保十三年 齐武平五年 周建德三年

五月，周禁佛道二教，毁经像，勒僧道还俗。

575A.D. 陈太建七年 后梁天保十四年 齐武平六年 周建德四年

七月，周大举攻齐。九月，周取齐 30 余城。

白瓷开始生产。

齐画家曹仲达以"曹衣出水"闻名。

张子信发现太阳视运动的不均匀性。

571A.D.
伊斯兰教创始人穆罕默德生于阿拉伯之麦加城。

刘裕篡晋建宋

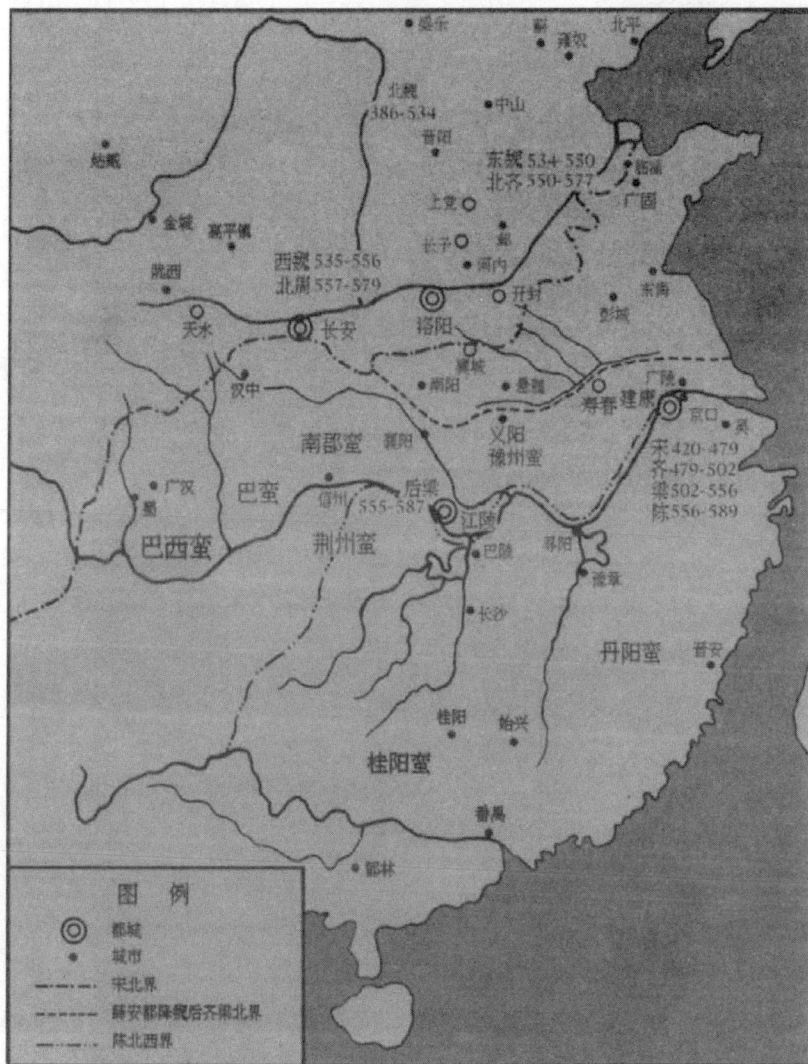

姑臧
金城
陇西
天水
北魏
386-534
晋阳
中山
蓟
雍奴
北平
上党
长子
邺
河内
开封
东魏 534-550
北齐 550-577
洛口
广固
西魏 535-556
北周 557-579
东海
彭城
长安
洛阳
襄城
泌阳
悬瓠
东海
汉中
南郡蛮
襄阳
义阳
徐州蛮
寿春
建康
广陵
京口
奂
宋 420-479
齐 479-502
梁 502-556
陈 556-589
广汉
郫
巴蛮
信州
555-587
后梁
江陵
夷陵
宋
巴西蛮
荆州蛮
巴陵
寻阳
浔草
长沙
丹阳蛮
晋安
桂阳
始兴
桂阳蛮
番禺
郁林

图　例
⊚　都城
•　城市
—·—·—　宋北界
－－－－　萧安都降魏后齐闲北界
—··—··—　陈北西界

南北朝形势图

007

宋武帝像。南朝宋的建立者，宋武帝刘裕，曾为东晋将领，灭南燕、后秦。420年代晋称帝。

晋元熙二年（420）六月，刘裕称帝，改国号为宋。

刘裕（363～422），字德舆，小名寄奴，原籍彭城（今江苏徐州）。其曾祖刘混，永嘉之乱时渡江居于丹徒的京口（今江苏镇江），至刘裕时家境已衰败。刘裕起初投奔北府军，靠平定桓玄之乱而官至侍中、车骑将军，逐渐掌握东晋王朝的军权。东晋义熙六年（410），刘裕率军北伐平定南燕，受封为太尉、中书监，执掌朝权。此后四五年间，刘裕相继除掉刘毅、诸葛长民、司马休之等政敌，然后，他第二次北伐，

克复关中，以功于义熙十四年（418）受封为相国、宋公。至此，刘裕取代东晋的条件已经成熟，便于晋元熙二年（宋永初元年，420），刘裕拿着自己手下拟好的禅位诏，让晋恭帝抄录，"恭帝欣然操笔，书赤纸为诏"。14日，刘裕筑坛于南部，登上皇位，国号宋，是为宋武帝。宋武帝改元永初，平定建康（今江苏南京），改《泰始历》为《永初历》，废晋恭帝为零陵王。次年6月，派人将他毒死，开了杀"禅让"退位者的先例。至此，历时104年，共11帝的东晋王朝结束，南北朝时期开始。

宋武帝刘裕初宁陵麒麟。南朝第一次经济文化的盛期的代表作。

刘裕死·拓跋魏攻宋

永初三年（422）五月，宋开国皇帝刘裕病死，终年60岁。同月，年仅17岁的太子刘义符即皇帝位，是为宋少帝。司空徐羡之、中书令傅亮、领军将军谢晦、镇北将军檀道济为辅佐大臣。

正当刘宋王朝处于接权换代的时候，北方拓跋魏却虎视眈眈。他们见宋嗣帝年少识浅，国内军心、民心不稳，认为有机可乘，遂扣留刘宋使者殿中将军沈范、索季孙，并于九月派扬州刺史、司空奚斤、交州刺史周几、广州刺史公孙表等，率大军分道南下，攻击刘宋司、豫、兖等州。十月，原东晋宗室司马楚之在陈留举兵响应魏军，被魏委为荆州刺史，也率军侧击刘宋。这时，奚斤等已渡过黄河、围攻滑台（今河南滑县东）。十一月，魏军攻破滑台，刘宋守将东郡太守王景度逃走。魏以成皋侯苟儿为兖州刺史，戍守滑台。其余各军乘胜南下夹攻虎牢（今河南荥阳汜水镇）。与此同时，魏明武帝经略南边的布局已全面展开："黑稍将军"于栗䃅引兵3000人已屯据河阳（今河南孟县西），谋取洛阳；叔孙建从东路进军，渡过黄河，屯于确磝（今山东东阿西北），以攻兖州。中原全线告急，刘宋急派南兖州刺史檀道济等率军北上增援。

永初四年（423）正月，于栗䃅攻克金墉，刘宋守将河南太守王涓之逃走。金墉不守，洛阳也随即沦陷。同时，在叔孙建的进攻下，刘宋兖州刺史徐琰也弃城南逃。至此，泰山、高平、金乡等郡相继陷落。三月，许昌又失守。四月，拓跋嗣亲临成皋，指挥奚斤、公孙表等围攻虎牢。宋虎牢守将毛祖德据城固守，从城内凿地道出城外，然后派兵出城掩袭魏军背后，焚烧魏军攻城用具，魏军大惊。祖德守城200余日，无日不战，最后因魏军断绝虎牢水路，城中人马渴乏，无力抵抗，虎牢才被魏军攻陷，毛祖德被俘。五月，拓跋嗣染病，停止南侵，返回平城。刘宋援军檀道济等闻信，也停止北上，返回广陵。

这次南北战争，北方大获全胜，南方一败涂地。宋司（今河南淮河以南、湖北大洪山东）、豫（今河南东部及安徽西北部）、兖（今河南东北部、山东中西部）诸郡县尽归北魏所有，而刘宋王朝只好将防线收缩到淮北。南北对峙，呈现出北方稍占优势的局面。

货币经济陷入低潮

　　三国时期，军阀割据，兵家纷争，战乱频繁，全国经济遭到了极大的破坏。秦汉即已发展的货币经济在这一时期受到重创，陷入低潮。北方经济由货币经济倒退回自给自足的自然经济状态，钱币作用不大，人们使用谷帛等实物货币进行交易。南方孙吴政权经济虽然发展较快，曾以孙氏大钱作为交易货币，但由于江南大庄园的形成，也以自然经济为主，使用更多的仍是实物货币盐和布。这些实物货币不具备金属货币的诸多优点，其弊端日益显露，营私舞弊者屡禁不绝，造成经济极大混乱，统治者几次发行金属钱币，但由于经济条件不成熟，未被广大人民所接受。

　　十六国时，石勒曾铸"丰货钱"强制发行，但人们缺乏钱币观念，新钱难以流通，以至于大大贬值。为扭转这种局面，石勒以绢换钱企图抬高钱价，但百姓趁机贱价买绢、高价出售，结果新钱地位没有提高，反而造成政府亏损，新钱仍然未能推行。这表明由于长期不用钱币，人们失去用钱的需要，观念上反而不接受金属货币了。

　　北魏统一后，社会经济缓慢恢复，但商品经济和货币经济的恢复步伐更慢，北方仍以实物为流通货币，造成极大的不便。北魏孝文帝曾铸"太和五铢"钱颁行天下，但这种质地优良、使用方便的钱币仍然得不到广泛流通，除了京师一带，外地无人使用五铢钱。太和五铢钱不久后盗铸成风，货币进一步贬值，使得本来就难以流通的钱币更难流通。为抵制滥铸，庄帝曾改铸"永安五铢"，仍未解决问题，朝廷命官也参予盗铸。混乱的币制使货币经济难以发展。

　　东晋建立后仍在南方使用孙吴旧钱，有大的"比输"、小的"四文"，数量不多，所以价值较高。后来，一些商人非法收集铜钱高价卖给岭南少数民族作铜鼓，影响了商品交易。

　　东晋不曾铸钱，但宋、齐、梁、陈四朝则大铸新币。刘宋曾铸轻于五铢钱的四铢钱，民间盗铸成风，政府为控制盗铸改铸大钱，反而使市场更为混乱。

到孝建年间，盗铸钱币质量极差，一捏就碎，人们不愿使用，只好贬值处理，币制更加混乱。政府无法控制，任由恶币流通，形成通货紧缩、物价跌落、百业萧条的局面。

萧梁武帝时，再度大量铸钱，数量之多、品种之繁成为南朝之最，有五铢、女钱、男钱等数种，一时私铸之风更兴。货币终于失去应有的作用，人们只好舍弃钱币，重新使用实物货币。

总之，从东汉末年起自南北朝时期结束，无论在北方、南方始终是自给自足的自然经济占统治地位，货币经济总是处于低潮，没有发达起来。

宋政权更迭

刘宋王朝建立后，不到两年，开国皇帝刘裕就因病而死。此后3年间，政权更迭，至宋文帝后，才稳定30年。

刘裕死后，依例由太子刘义符即位，这就是宋少帝。当时少帝年仅17岁，故以傅亮、徐羡之、谢晦等辅政。但少帝登基后游戏无度，不理政事。辅政大臣

南朝越窑莲蓬纹托盘面

南朝青瓷莲花纹托碗

们见义符失德，决定废掉义符。按制度义符被废后应由刘裕次子义真嗣位，然而义真喜好文艺，与文士谢灵运、颜延之等为友，并扬言，如果得志，定以此二人为宰相。这样立义真自然会危及徐羡之等的地位，而且义真"轻动多过，不任四海"（《宋书·徐羡之传》），所以徐羡之与傅亮、谢晦等密谋，先把

011

南朝释迦坐像龛

义真废为庶人，迁往新安郡，然后再废义符为营阳王，不过一月又先后将义符、义真杀死，接着便于景平二年（424）六月，载皇帝仪仗、车辇前往江陵，迎立刘裕第三子刘义隆。迎接义隆时，因义符、义真相继被杀，义隆及其部将都怀有疑虑。司马王华认为徐羡之是中才寒士，傅亮是布衣诸生，未必想要自己称帝，不过是想立年轻的皇帝，便于他们掌权而已，遂决策东下，于当年六月至建康（今江苏南京），旋即登基，改元元嘉，是为宋文帝。文帝即位后，不愿大权旁落，便设计诛杀了徐羡之、傅亮和谢晦，从而亲临朝政。

废杀刘义符是刘宋也是南朝第一件宫廷大案，南朝宫廷政治的多变实际以此为滥觞。

宋改革制度

晋元熙二年（420）六月，刘宋篡晋称帝，改元永初建立刘宋王朝，随即对政治、经济进行了若干改革，除去东晋的不少秕政。如严格法制，策试官吏，禁止豪强隐藏户口、封占山泽，赦免"亡叛"，精简府吏等等。这些措施，对当时社会的稳定和发展无疑起到了积极的作用。

宋文帝刘义隆于景平二年（424）即位后，在刘裕改革的基础上，继续进行了一系列改革。一是整顿吏制。文帝常派使者巡行州郡，考察守宰的好坏，同时让郡、县官吏各自上书阐述政治得失，以考其绩能。二是严明诉讼。文帝常于延贤堂听讼，以求刑狱平允，又规定每年听取诉讼3次，广泛采纳嘉谋、征集谠言。三是提倡文教。文帝下诏各地从速修复学舍，召集生徒，研习学问，并曾亲自到国子学策试学生，奖掖教师；同时修理孔墓，以表明朝廷重文之意。四是下诏求贤，令各地官吏推举能人才士，为国效力。五是劝课农桑。文帝

曾多次下诏督民务农，奖励开荒种地，并贷给农民粮种，使农民能及时耕种，又令各地修复陂塘，以保水利。六是减免赋税。元嘉十七年（440），文帝下诏减免诸州逋租，除掉估税、市调之害民者，不准封禁山泽等。七是开炉铸钱，一改自东晋以来历代政府不曾铸钱的状况，解决了因经济发展而导致货币短缺的问题。

　　宋立国初期两代皇帝的改革，维持了社会的安全，促进了经济的发展，使刘宋国内人口不断增加，生产持续发展，人民安居乐业，从而形成了元嘉年间的小康局面。史称"元嘉之治"。

僧慧琳作"黑衣宰相"

　　魏晋南北朝时期，佛教的东进，自然引起了儒佛、佛道之争。而另一方面，儒、佛、道的相互吸收、相互渗透也较为普遍。玄学的兴起和风盛，更使许

礼佛图

013

北魏麦积山石窟男供养人壁画

北魏麦积山石窟女供养人壁画

多僧徒高谈玄理，出入朱门。当时官僚士人视僧徒如老庄道教之流，而僧徒也以谈玄论道来迎合士大夫，借以宣传佛教。这一特点，在刘宋初期，竟表现为僧人参政。

宋初，江南有一位高僧名叫慧琳，善谈论，尤擅长于用玄学语言解释佛经，并渗入不少儒家观念和治国之道，他还写了《均善论》一书，比较儒、佛、道三家的优劣，得出三家均善、可同为世用的独特见解，当时引起争论。慧僧的这些才能得到了既是佛教徒又是统治者的宋文帝的赏识。而这位宋文帝是在大臣把持朝政、随意废立皇帝的局面中登上帝位的，因此即位后便大削臣权，不设专门宰相，凡与皇帝一起议事并被委以机密者都可算作宰相，慧琳后来也成为了这种宰相之一。

宋元嘉三年（426）三月，宋文帝铲除了以徐羡之为首的几位专擅朝政的大臣后，亲自选择人才加以任用，慧琳便在这时候受文帝提拔，进入朝廷，拥有宰相之权。此后，慧琳住处总是宾客如云，门前常常停有数十辆车。慧琳披貂裘，穿高屐，俨然风流宰相打扮。因僧人都穿黑衣，所以当时人都称慧琳为"黑衣宰相"。

裴松之注《三国志》

宋文帝元嘉六年（429）七月，宋史学家裴松之注《三国志》成书。

裴松之（372～451），河东闻喜（今属山西）人。曾任国子博士、永嘉太守等职。宋文帝元嘉六年（429）任中书侍郎。他博学多才，尤好著述。鉴于西晋陈寿所著《三国志》内容简略，未附表和志，裴松之刚任中书侍郎，便奉旨为《三国志》作注。

裴松之的注文大约有类例四点："一曰：引诸家之论，以辨是非；一曰：参诸书之说，以核伪异；一曰：传所有之事，详其委曲；一曰：传所无之人，附以同类。"即以评论、纠缪、备异、补缺为宗旨，对原著明显错误予以纠正，对原著所述不尽合理之处予以辨明，同时补充大量史料。据粗略统计，裴注中引用魏晋著作达210多种，而且截取史料比较完整，注文条目多，文字总数也超出正文三倍。因此，尽管裴注存在许多缺点，如一些评论未尽妥当，但作为史料来说，不仅可以弥补《三国志》的简略，而且还保存了许多现在已佚书籍的一部或大部分，因而史料价值在陈寿原书之上。所以当裴注完成、宋文帝读罢后，不禁抚卷赞道："此为不朽矣！"（《宋书·裴松之传》），后世由此便有"读《三国志》不可不读裴注"的说法。

《刘涓子鬼遗方》反映外科成就

刘宋武帝时（420～422）的随军外科医师刘涓子在总结自己治疗战伤和疮疡痈疽经验及前人在这方面取得的成就的基础上，写成了《刘涓子鬼遗方》一书。龚庆宣获得此书后，用以指导自己的临床实践，五年中所治无不效验，因而非常珍惜。但他感到原书内容编排散乱，便于南齐永元元年（499）对原书进行了系统整理，使其以新的面貌流传于世。

该书原为10卷，流传至今的是宋代刊刻的五卷残本。其卷一论痈疽病因及各种痈疽的鉴别；卷二论金疮外伤治法；卷三论痈疽、发背、妇女乳房疾病的治疗，卷四为黄父痈疽论及治方；卷五除治痈疽方外，还有疥癣、发颓、妇女乳肿、小儿头疮、竹木刺伤、火伤等病症的治疗方药。

从现存内容来看，该书在很大程度上反映了魏晋南北朝时期外科医术发展状况，尤其是关于痈疽疮疡等化脓性感染病症的理论论述和治疗经验，处理技术都较先进。它重视和提倡疮疡的早期治疗，注重切开排脓法，并对此作了科学的论述。书中记载的方药十分丰富实用，其内治法讲究辨证施治，为后世外科消、托、补三大治疗法则的确立奠定了基础，使治疗疮痈和创伤成为中医科学的重要内容之一。

佛驮跋陀罗卒

宋元帝元嘉六年（429），佛驮跋陀罗病逝于建康，终年70岁。

僧佛陀跋陀罗（359～429），简称佛陀跋罗，意译觉贤、佛贤，北天竺迦毗罗卫国（今尼泊尔境内）释迦族人。他17岁出家，以精于禅定和戒律出名。弘始十年（408）左右佛驮跋陀罗随智严经海路抵青州东莱郡（今山东掖县），并游抵长安（今陕西西安西北郊）。后因遭鸠摩罗什弟子排挤，他被迫自长安南下，于义熙十一年（415）到达建康（今江苏南京）。第二年再前往道场寺传习佛法，并与法显、法业等共同译经，先后译出《泥洹经》、《摩诃僧祇律》、《大方广佛华严经》（60卷本）等13部，125卷。所译《华严经》对此后中土华严宗的创建有很大影响，而《摩诃＊＊律》作为佛教的重要戒律经典，译成华文后对佛教的传播起了很好的作用。

刘宋第一次北伐

宋武帝刘裕建立刘宋政权时，北魏拓跋氏已经建国并正在统一北方。宋文帝、北魏太武帝即位后，两国在一段时间均采取修好政策，南北之间维持了好几年的和平。但宋文帝刘义隆"自践位以来，有恢复河南之志"，所以经过几年的内部整顿和建设后，觉得条件已经成熟，便于元嘉七年（430）春天，兴师北伐。他派右将军到彦之、安北将军王仲德等率甲士5万，舟师入河。北魏太武帝大怒，下令冀、定、相三州造船千艘，并调集幽州以南戍兵于河

太武帝东巡碑。载魏太武帝东巡恒山北行而归，经易州御射示威群臣之事。

北魏战骑图局部麦积山石窟

上，防备宋军。为了集中力量，七月，太武帝采取先予后取的策略，下令洛阳、虎牢（今河南荥阳汜水镇）、滑台（今河南滑县东）等军事重镇的将士弃城北撤，所以宋军轻而易举地拿下了洛阳、虎牢、滑台，并沿河设防，由此分散了兵力。十一月，北魏叔孙建、长孙道生率军渡河南攻。魏冠军将军安颉击败屯守灵昌津的到彦之军，到彦之退守东平（今山东东平）。不久魏军又大败到彦之于七女津。随即，北魏大军全线出击，相继收复洛阳、虎牢等地。到彦之闻讯后，焚舟弃甲，率余部退回彭城（今江苏徐州）。而此时，随着宋北伐军的接连溃败，重镇滑台也不断告急，文帝只好再派遣征南大将军檀道济率军前往救援。次年一月，檀道济击败魏安平公乙旃眷，阵斩济州刺史悉烦库结。二月，檀道济进至历城，被魏将叔孙建前后夹击，并烧掉粮草，因而无法进军滑台。北魏安颉等乘势攻下滑台，俘宋将朱修之及军士万余人。檀道济见滑台已失，军粮又缺，只好退还。

宋文帝的这次北伐，损失惨重，此后很长一段时间无力大规模出兵，因而宋魏之间有20年大体相安无事。

檀道济唱筹量沙退魏军

元嘉七年（430）春，宋文帝兴师讨伐北魏，魏太武帝采取先予后取的策略，于当年冬天大举反攻，连连击败宋军。宋军全线溃退，军事重镇滑台告急。宋文帝急派征南将军檀道济前往援救。檀道济连克魏安平公乙旃眷、济州刺史悉烦库结，与魏军接战30余次，大多获胜。但在进至历城时被魏将叔孙建前后夹击，粮草被焚。而此时滑台已被魏军攻破，檀道济见滑台已失，军粮又缺，只好退兵。魏军知道宋军已无粮草，便纵兵追击。宋军人人恐惧，即将溃散。在这危急时刻，檀道济镇定自若，决定用计退敌。一日晚，檀道济率军扎营后，命各营在夜里假作量米，士兵们一边大声报着数量，一边量着沙子，最后将军中仅存的少数米盖在沙上。天明，北魏追兵赶到，看到沙土上的大米，以为道济军粮有余，不敢贸然行事，悄悄引兵而退，檀道济得以带兵安全返回。这一史实，后来演绎成"道济量沙"的故事。

檀道济在刘裕当权时，即已追随左右，为刘宋王朝立下汗马功劳，累官至征南将军、司空等。因他在朝野威名并重，府中左右心腹才干超群，几个儿子也都才气横溢，所以深为朝廷猜疑畏惧。元嘉十三年（436）三月，宋执政刘义康矫诏征道济入朝，随即以谋反罪下狱诛杀。檀道济被杀时，愤怒地说："你们这是在摧毁自己的万里长城啊！"魏人得知檀道济已死，无不欢欣鼓舞，认为宋朝已没有什么人可畏惧的了。

谢灵运推动山水诗发展

宋元嘉十年（433），谢灵运在广州被杀，终年49岁。

谢灵运（385～433），小字客儿，陈郡阳夏（今河南太康）人，东晋名将谢玄之孙，晋时袭封康乐公，世称谢康乐。谢灵运仕刘宋时为永嘉太守，历任秘书监、侍中、临川内史。他自小好学，博通经史，且胸怀大志。武帝刘裕在位时，灵运与皇子刘义真交往甚密，深得义真赏识，义真扬言，若自

北魏山水画像两幅。"魏晋以降，画山水或水不容泛，或人大于山。"（张彦远语）。

已得志，必以谢灵运为相。所以义真被杀、文帝义隆即位后，谢灵运自然得不到重用。但他自恃门第高贵，才气过人，对自己未能参预朝政一直愤愤不平，经常称病不上朝，有时出门游山玩水，十几天不归。文帝爱惜他的才能，不想深究，索性赐灵运长假，让他回家。其后担任临川内史时，因事得罪执政彭城王刘义康，以谋反罪发配广州，不久被下令就地正法。

　　谢灵运诗大都描写山水名胜，善于刻划自然景物，为山水诗派的创始人。能赋，《山居赋》较有名。与鲍照、颜延之并称为"元嘉三大家"。明人辑有《谢康乐集》。

　　山水诗的兴盛与玄言诗有因革关系。魏晋以来，士大夫清谈玄学、隐居山水，诗歌中山水描写随之增加，并表现出清逸超俗的意趣，如嵇康的《赠秀才入军》、左思的《招隐》等诗。晋政权南渡以后，士族名士修建园林别墅、游赏江南风景，有更多的机会接近自然山水。如玄言诗人许询、孙绰都好游山水，王羲之有兰亭之游。这时流行的玄言诗，以玄学的意趣来观照山水，又借山水来寄寓玄理，诗中往往出现若干写山水的佳句。一些纪游、登览诗逐渐接近山水诗。刘宋初期，谢灵运大量创作山水诗，并丰富了描写山水的技巧，使山水描写由附庸玄言诗到蔚为大观，演变成山水诗，开拓了中国诗歌史上一个新的题材领域。

谢灵运的山水诗鲜丽清新。鲍照说："谢五言如初发芙蓉，自然可爱。"这一特点主要表现在对山水形象捕捉的准确。"春晚绿野秀"（《入彭蠡湖口》），"青翠杳深沉"（《晚出西射堂》），同样是绿色，却是两幅完全不同的画面，前者是暮春，后者为深秋，意象的选择是非常妥贴的。代表作《登池上楼》描述诗人病愈后突然见到窗外景物："池塘生春草，园柳变鸣禽。"这一联如脱口而出，清新可爱。由于写作的对象是过去的文学作品中少有的，因此，没有多少可资借鉴的技巧，要成功地把奇山异水反映在诗篇里，作家必须自铸新辞，精心刻镂。谢灵运的山水诗之所以超越前人，成一代宗师，关键之处还在于他在山水诗领域的刻意追求，为了准确地捕捉形象，诗人确乎是"经营惨淡，钩深索隐"（沈德潜《古诗源》）调动了多方面的艺术技巧。如他的名句"白云抱幽石，绿筱媚清涟"（《过始宁墅》），利用色彩的深浅、明暗对比显示了自然景物的层次感、丰富性。"鸟鸣识夜栖，木落知风发"（《石门岩上宿》），以有声衬无声，由动而见静，传神地写出了山中夜景的特点。

谢灵运诗中时时可见佳句，但结构成神完气足的整篇山水诗却是他始终都没能达到的。由于致力于追新求奇，一些诗作也流于艰涩险怪。同时，谢灵运的诗作中仍残留着玄言诗的痕迹。谢灵运的山水诗多采用这种结构，即先叙述游历之事，再写寓目所见的景物，最后借山水证悟玄理。因为玄理部分不能和描摩的景物相融合，也容易形成有句无篇的特点。

总体而言，谢灵运的山水诗已经矫正了理过其辞、淡乎寡味的玄言诗风，确立了山水诗在诗坛的优势地位。

玄言诗与山水诗代兴

魏晋时期，由于社会动荡不安，政治黑暗，文人为避免杀身之祸，开始远离政治，崇尚清谈，此时玄学兴盛。安居江南的东晋世族文人无心进取，沉湎于游山玩水，及时行乐，谈玄论道，蔚然成风。与此相关，玄言诗、山水诗逐渐发展起来。

玄言诗以阐释老庄和佛教哲理为主要内容。当时的玄言诗主要有两种类

型，一种是以阐释玄言为主，抽象空泛、缺乏诗味，如孙绰的《答许询》："仰观大造，俯览时物。机过患生，吉凶相拂。智以利昏，识由情屈。"全篇尽是阐述老庄的玄理，根本没有一点形象性可言，与其说它是诗，倒不如说是哲学。随着佛教的传播，佛理又渗入这类玄言诗，几乎变为佛教的偈语。另一种类型的玄言诗是借山水来寄寓玄语，以玄理来观照山水。如王羲之的《兰亭》诗写道："仰望碧天际，俯瞰渌水滨。寥阒无涯观，寓目理自陈。大矣造化工，万殊莫不均。群籁虽参差，适我无非亲。"作者通过对自然界"碧天"、"渌水"的观照，感悟到了造化的玄理。玄言诗的另一变体是游仙诗，表现了逍遥隐逸的人生意趣，同时包含着议论玄言的内容。

随着玄言诗中写景状物的成分逐渐增多，玄言的比例就减少了，玄言诗逐渐向山水诗演进，出现了一大批吟咏山水的优秀诗人。应该看到，山水诗的兴起，是有其深刻的现实原因的。魏末西晋，文人大多集于洛下，北方平原缺少像会稽、永嘉般的美景，所以山水诗就不发达，一到东晋，文人云集江南，山川的秀美必然会在他们的诗作中反映出来，何况游牧山水，亲近自然原本和他们的道家思想相契合。与其说山水诗是玄言诗的改变，不如说是玄言诗的继续，因为这时期的山水诗中依然要阐发玄理。

最著名的山水诗人是谢灵运和谢＊。谢灵运可以说是我国第一个大量创作山水诗的诗人。他的创作促使了玄言诗向山水诗转变。他的山水诗观察细密，刻划入微，语言精巧，给人以清新的感受。例如他的诗中有"白云抱幽石，绿筱媚清涟。"（《始宁墅》）"崖倾光难留，林深响易奔。"（《石门新营所住》）写得相当精彩。

谢朓是谢灵运的同族，与谢灵运并称"二谢"，谢灵运为"大谢"，谢朓为"小谢"。谢朓长于五言，以山水风景诗最为出色，已摆脱了玄言诗的影响，风格清新俊逸，李白曾写过这样的句子："解道澄江静如练，令人长忆谢玄晖。"对他推崇备至。谢朓的诗歌创作发展了山水诗。

从中国诗歌史上看，以阐释、体悟玄理为主的玄言诗和以描写自然之美为主的山水诗都是中国诗歌发展中的重要阶段，对后来的诗歌创作和诗歌发展有着极其深远的影响。

短命王朝

竺道生宣传涅槃说·圆寂庐山

宋元嘉十一年（434），名僧竺道生在庐山圆寂，终年80岁。

道生（355～434），俗姓魏，巨鹿（今河北平乡）人。幼年时从沙门竺法汰出家，改姓竺。早年师事僧迦提婆，稍后从鸠摩罗什译经，成为鸠摩罗什著名弟子之一。

道生学问渊博，融会众经。当时名僧宣佛，提婆重"毗昙"，罗什重"般若"，昙无谶重"涅槃"，道生则不郁于一说，而是并通并重。他对《涅槃经》研究尤精，曾在庐山精舍开讲《涅槃经》。

竺道生的学说主要是阐发关于涅槃性思想，这种佛教学说的主要特点是不单纯地停留在对世界精神本体的概念分析上，而是进一步论证世界精神本体实相就是佛的法身，把佛的法身和众生所具有的佛性统一起来，着重阐述了众生成佛的原因、根据等问题，道生认为佛性存在于每一个人的本性之中，人人都有佛性，因此只要一旦返归本性，就可以见性成佛，由此他提出作恶多端的人也可以成佛。即"一阐提人皆得成佛"。道生还提出"顿悟成佛论"，讨论成佛的方法问题。他提倡大顿悟说，认为修行必须到"十住"的最后一念生"金刚道心"，一下子把一切妄惑断尽，悟解佛理，当即成佛。从般若学的角度看，实相无相，无生无灭，玄妙一体不可分割，要么证悟它，要么未证悟它，没有中间状态可言，不能与其逐步合一。从涅＊佛性的角度看，众生都有佛性，觉悟就是反归本性，见性成佛，这也是一个真性自然发显，真理顿悟的过程。但道生并不反对"七住"以内的渐悟过程。

道生的佛学理论，把般若学与涅槃学结合在一起，把宗教哲理和信仰结合在一起，把佛教和以儒家为核心的传统文化结合在一起，使佛学摆脱了玄学框架，走上了独立发展的道路，成为中国佛教史上的一大转折。他一生著作很多，但多已散失，现存文章仅有《妙法莲花疏经》和《答王卫军书》。

中唐以后，道生的佛性论直接启迪了禅宗这个纯粹的中国化的佛教流派产生，并间接地影响了宋明理学，尤其是陆王心学，其影响十分深远。

金铜佛坐像。是像刻有无嘉十四年 (437) 五月一日佛弟子韩谦为父母妻子兄弟造像之铭文。

宋更铸浑天仪

宋文帝元嘉十三年（436），宋更铸浑天仪。

浑天仪是一种天文仪器。早在汉武帝时，就有落下闳创制"浑天"。汉宣帝时，董寿昌更铸铜为象，以测天文。至东汉张衡，妙尽璇玑之正，作浑天仪，推算星辰出没移动，都很准确。浑天仪由此得到了推广运用。

东晋末年，太尉刘裕征伐后秦时，缴获一尊古铜浑天仪，运回建康（今江苏南京）。但当时浑天仪已经破损，而刘裕建宋初期也未来得及修制。宋文帝元嘉十三年（436），宋文帝刘义隆令太史令钱乐之重新铸造浑天仪。钱乐之以原制为范本，仍然效仿张衡所制以水为动力运转。浑天仪径长6尺8分，上铸各种星宿天象，转动时浑天仪所表现的昏明中星与天象运转很易吻合。

宋更铸浑天仪，是对当时这一先进的天文仪器的继承和改进，同时也说明了南北朝时期人们对天文学知识的积累进一步丰富。

《孙子算经》提出剩余定理

《孙子算经》共3卷，大约作于四、五世纪，此书以整整一卷的篇幅介绍各种预备知识，叙述了算筹记数法和筹算的乘、除、开方以及分数等计算的步骤和法则，其余的全是收入的一些典型问题，对后世有极大的影响。

《孙子算经》最著名的问题是下卷第26题，就是著名的"物不知数"问题，通常被称为"孙子问题"，也是求解一次同余式的问题。原题及答案方法如下："今有物，不知其数。三三数之，剩二；五五数之，剩三；七七数之，剩二。问物几何。"答曰："二十三。"求曰：三三数之剩二，置一百四十；五五数之剩三，置六十三；七七数之剩二，置三十。并之，得二百三十三，以二百一十减之，即得。凡三三数之剩一，则置七十；五五数之剩一，则置二十一；七七数之剩一，置十五。一百六十以上，以一百五减之，即得。

用现代数学符号可表示为求下列同余方程的整数解：

$N \equiv R_1 \pmod 3$

$\equiv R_2 \pmod 5$

$\equiv R_3 \pmod 7$

其中 $R_1 = 2$，$R_2 = 3$，$R_3 = 2$。

书中给出此问最小整数解23即 $N = 23$。在解答时的上半部分，详细给出 $N = 23$ 的解法，即 $N = 70 \times 2 + 21 \times 3 + 15 \times 2 - 105 \times 2 = 23$；后半解答部分则给出这个同余方程的一般解，即：$N = 70 R_1 + 21 R_2 + 15 R_3 - 105 P$，式中105为3、5、7的最小公倍数，$P$ 为适当选取的整数，使得 $0 < N \leqslant 105$，这里取 $P = 2$。

中国的数学家在四、五世纪就提出"物不知数"问题，并给出一般解，而欧洲到19世纪初才由德国数学家C．F．高斯给出了它的一般性定理。因而《孙子算经》中提出的问题在国际上被称作孙子剩余定理。

山水园林大量涌现

魏晋南北朝是中国园林发展的转折阶段，也是山水园林的奠基时期。

晋室南迁，中原人士大量逃亡江南，他们于离乱颠簸之际，在风清物丽的环境之中过着安逸闲适的生活，他们尽情享受大自然的美，以文学艺术讴歌这种美，以园林艺术再现这种美。建康、会稽、吴郡等士族聚居之地，私家宅园和郊区别墅相继兴起，都城建康兴建苑园之风最甚。帝苑以华林、乐游两园最为著名，大臣私园多靠近秦淮、青溪二水。东晋时，纪瞻在乌衣巷的宅园、谢安的园林都以楼馆林竹而著称；而吴郡顾辟疆的园林则因王献之的遨游而闻名于世。南朝园墅也很兴盛，名士戴颙在吴下聚石引水，植林开涧筑园；齐刘勔在钟山南麓建园以邀友人聚会。与此同时，开始出现园林小型化的倾向。梁徐勉在东田自建小园，并认为"古往今来，……不存广大，唯功德处，小以为好"。北周庾信也建小园，并以《小园赋》闻名后世。自两人始建小园，随之而来便形成一股建小园、小池、小山之风。北朝造园活动不亚于南朝，《洛阳伽蓝记》中就记载了北魏都城洛阳许多贵族官僚的园林，突出的有司农张伦园、清河王元怿园、侍中张钊园、河间王元涤园等。政局的变乱曾使洛阳一些王公贵族的住宅成为佛寺，宅园也成为寺中园林，因此

屏风人物（部分）。两幅皆以两株槐树和两组假山作背景。为较早的人造园林绘画。

在风格上并无区别。

　　帝王苑囿受当时思潮影响，欣赏趣味也向自然美转移。东晋简文帝、齐衡阳王萧钧都喜爱自然风格的园林，梁昭明太子萧统更是性爱山水，在泛舟元圃后池时曾咏左思诗"何必丝与竹、山水有清音"以拒绝女乐。可见这时帝王宗室对山水的爱好和欣赏与一般士大夫是一致的，皇帝苑囿风格也追求山水自然之美。

　　这时期的另一个新发展，就是出现了具有公共游览性质的城郊风景点。南朝刘宋的南衮州刺史徐湛之，在广陵城北结合原有水面建造风亭、月观、吹台、琴室，栽种花木，使这里成为文人雅士游玩聚会的场所。这种风景点

的游人可能只限于士大夫阶层，但毕竟不同于一般私人园林和皇家苑囿，具有众人共享的特点，不能不说是一种进步，可谓今天公园的前身。一些城市利用城垣和风景优美的高地建造楼阁，作为眺望游憩之用，既可畅览远山平川之美，又能丰富城市风景，是继承台榭发展而来的风景观赏建筑物。著名的有东晋武昌南楼，是官吏登临赏月之处，南朝建康瓦棺阁，是眺望长江壮丽景色的地方；浙东浦阳江桐亭楼，建在山水奇丽的浦阳江曲。

名士高逸和佛徒僧侣为逃避尘世而寻找清静的安身之地，也促进了山区景点的开发。东晋时以王谢为首的士族聚居建康、会稽，往往选择山水佳妙之处构筑园墅。如谢灵运在始宁立别业，依山傍水，尽幽居之美，和一批隐士放纵游娱。佛教大师慧远，在庐山北麓下创建名刹东林寺，面向香炉峰，前临虎溪水，对庐山的开发起了促进作用。苏州郊外的虎丘，自东晋王珣、王珉兄弟舍宅为寺后，也逐渐成为著名的风景点。

作为山水园林主题内容的人工堆山，达到了前所未有的兴盛。除摹写神仙海岛的方法仍被帝王苑囿采用外，更多的则采用概括、再现山林意境的写意堆山法。堆山的目的是为了陶冶性情，追求"有若自然"的意趣。南齐宗室萧映宅内土山取名"栖静"，便是这种意趣追求的例子，园林造山已从汉代的企待神仙和宴游玩乐转变为对自然景色的欣赏。

随着园林小型化、欣赏景物深化入微，松、竹、梅、石成为士大夫喜爱的对象。南朝陶弘景特爱松风，大量种植，欣赏风过之声；晋代嵇康、阮籍、山涛、向秀、刘伶、阮咸、王戎七人好为竹林之游，世称"竹林七贤"；南朝好梅者渐多，鲍照有《梅花落》诗；对奇石的欣赏寻求也成为时尚。

中国园林山水是凝聚中国文化特质的一种独到艺术，在南北朝时期已形成稳定的创作思想和方法，多向、普遍、小型、精致、高雅和人工山水写意化，是本时期园林发展的主要趋势，并且作为一种基本风格影响着后世园林艺术的发展。

宋立四学

刘宋初期，武帝和文帝都很重视教育。武帝曾下诏说："古之建国，教学为先"（《宋书·武帝纪下》）。文帝则更喜爱艺文，大力提倡学术。这

北朝白瓷莲瓣罐

些均有效地促进了刘宋王朝教育的发展。同时，他们对于教育的内容也非常注意。四学，即玄学、史学、文学、儒学，宋文帝下诏全国，规定各地学舍聚徒讲学均应以此四学为教授内容。为了作好示范，宋文帝决定在京城请名流开讲四学。宋文帝元嘉十五年（438）他下诏征召隐居于豫章（今江西南昌）的儒学大师雷次宗到建康（今江苏南京）讲学，并给他优厚的待遇，并在建康郊区的鸡笼山修建学馆，开馆授徒。宋文帝钦定丹阳尹何尚之主持玄学，太子率更令何承天主持史学，司徒参军谢之主持文学，雷次宗主持儒学。宋文帝还数次亲临学馆，对师生加以奖掖。因此，四学在宋国很快兴盛起来。

宋倡文教

南朝宋时，朝廷比较重视文教。宋开国皇帝宋武帝刘裕在即位后曾下诏说："古之建国，教学为先"，命各地都要重视学校教育。至宋文帝刘义隆时，这种趋势更有所发展。文帝采取的主要措施有：一、下诏全国，倡立国子学，并命各地修复战乱中被毁坏的学舍，召集生徒，研习学问。二、除派大臣专门负责外，自己还亲自过问文教的发展情况。据史载，元嘉二十三年（446）九月五日，宋文帝亲自来到国子学，

观音菩萨头像。六世纪的观音菩萨头像，已是明显的女性形象，慈眉善目，面带笑容。

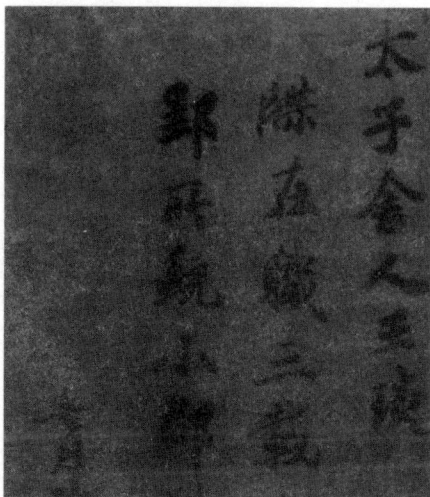

南齐王僧虔太子舍人帖

对 59 名学生进行了策试，结果使他满意，他便对老师学生大加奖励。三、修理孔庙和孔墓。元嘉十九年（442）十二月，文帝下令鲁郡（今山东曲阜）修缮孔子庙、孔子墓及学舍，在庙墓边种松柏 600 株，并将孔景等五户迁到孔子墓侧，免除他们的租赋，让他们专门负责洒扫孔墓。宋文帝的这些措施，在一定程度上促进了当时的文教发展。宋武、文两帝时代，士人务学，著述颇多，这与他们的倡导是分不开的。

何承天考古·创新律

宋文帝元嘉十九年（442），宋立国子学，以著作佐郎何承天领国子博士。当时宋都城建康（今江苏南京）开挖玄武湖，遇到古墓，墓上发现一只带柄铜斗。文帝让朝士考察铜斗年代及墓主人姓名，何承天鉴定为新莽时期的铜斗，指出王莽时三公去世，都要赐以这种铜斗，埋葬时一置椁外，一置椁内。当时三公只有大司徒甄邯是江左人，因此必定是甄邯墓。果然，再往下挖，又发现一只铜斗，并有一块墓志铭，上刻"大司徒甄邯之墓"。这次考古事件后，何承天的名望更著了。

北魏石棺床。整个石床雕刻内容丰富，线条流畅，技法纯熟。

话说 中华文明

短命王朝

北魏石棺床（局部）

何承天（370~447），南北朝刘宋时律学家、天文学家、文学家、无神论者。东海郯（今山东省郯城县）人。精于历算，在晋朝历任参军、浏阳令、太学博士，至御史中丞，到南朝宋又历任衡阳内史等职，他精通经史，精于历算，曾创《元嘉历》，废除平朔，创用定塑。此历于元嘉二十二年（445）启用，施行65年。

他又通音律，创立新律，以解决"黄钟不能还原"问题。对于"黄钟不能还原"问题，西汉京房曾提出"六十律"的律制，何承天对之提出异义。何氏新律的计算方法如下：假设黄钟长9寸，采用三分损益法依次求出十一律至仲吕，得6.6591寸，再用三分益一法，得8.8788寸，不能回到黄钟，短0.1212寸，即声音略略偏高，何承天将差数0.1212寸除以12，得0.0101寸。然后将0.0101寸之1倍到12倍数，依相生次序补到各律上，从而调整了各律，使仲吕所生之律回到黄钟9寸，或折其半，即高八度的清黄钟4.5寸。何承天新律所得数据虽是等差数，还不是按等比数的真正平均律，但效果已相当接近后来明代朱载堉的"十二平均律"，是对中国律学史和世界律学史的一个贡献。

仇池之争引起宋、魏大战

宋元嘉十八年（441）十二月，因武都王杨难当屡犯边境，宋文帝出兵讨平仇池。北魏太武帝拓跋焘以替杨难当报仇为名，大举南侵，爆发南北之战。仇池（今甘肃成县洛谷镇）在南朝宋时为武都王杨玄所据。宋元嘉六年（429），

杨玄死，他的弟弟杨难当废掉杨玄的儿子杨保宗，自己承袭武都王位。杨难当野心颇大，一直想夺取宋的蜀、汉之地，因而屡犯边境。宋元嘉十八年（441）十二月，宋文帝出兵讨伐杨难当，次年五月，宋军攻占仇池，杨难当逃奔北魏求援。北魏拓跋焘以替杨难当报仇为名，分兵四路，大举南侵，由仇池之争引起的宋魏大战从此开始。元嘉二十年（443）正月，魏将皮豹子大破宋军于乐乡（今湖北钟祥西北），接着进军下辨（今甘肃成县西），追斩宋军守将强玄明、辛伯奋。二月，魏两路兵力会合于仇池，与宋军在浊水展开决战。结果，宋主将胡崇之兵败被俘，仇池失守。当时随魏南攻的杨保宗打算叛魏，事泄被杀。四月，杨玄的旧部符达、任朏等立杨保宗的弟弟杨文德为主，起兵反魏，并派使者到宋一边朝贡一边求援。宋封杨文德为武都王，并于十一月派将军姜道盛协助杨文德攻魏，但进攻不利，姜道盛被杀，仇池仍在北魏手中。元嘉二十一年（444）八月，北魏在赢得仇池之争胜利后，主动遣使与宋修好。至此宋魏之战告一段落。

刘义庆编著《世说新语》

宋元嘉二十一年（444），《世说新语》作者临川王刘义庆卒。

刘义庆（403 ～ 444），南朝宋小说家。彭城（今江苏徐州）人。刘宋王朝宗室，袭封临川王。曾任荆州刺史、江州刺史等职。《宋书·宗室传》说他"爱好文义"，"招聚文学之士，近远必至"。著有《徐州先贤传赞》、《典叙》及志怪小说《幽明录》等。他所编著的《世说新语》是魏晋轶事小说的集大成之作，有较高的认识价值和艺术成就，对后代文学的影响极大。《世说新语》通行本6卷，36篇。

北魏画像出行图

北魏画像牛车图

主要记载了汉至晋宋间一些名士的言行轶事。按内容分德行、语言、政事、文学、方正、雅量、识鉴等 36 门。所记人物均为历史上所实有，但他们的言行则有些出于传闻，不全为史实。其中不少篇幅系杂众书而成。从书中的某些分篇中不难看出刘义庆编著此书时的倾向性。如对《德行》《政事》《方正》《雅量》等篇中的人和事多持肯定态度；对《任诞》《简傲》《惑溺》等篇中的人和事则多持否定态度。大体说来，作者是以士族的道德标准来评价人物的。书中对汉末的一些名士作了赞颂；对魏晋清谈家，如乐广等人虽尚清谈却不违背名教而受赞赏，而对阮籍等因蔑视名教而被斥为"狂诞"；对一些历史人物，他虽不赞成，但对他们某些言行又持欣赏态度，比如对西晋末年"清谈误国"的王衍，作者对他不与人计较的"雅量"是欣赏的。

　　《世说新语》内容丰富，认识价值极高，从中可见到魏晋名士的种种形态；暴露出豪门士族的穷奢极欲和凶恶残忍，对司马氏的黑暗恐怖统治也有所揭露。书中也记载了一些爱国故事及不畏权贵的人物。《世说新语》的艺术成就很高。其特点之一，是在短小的篇幅中，通过人物的片言只语和一二行为，生动地勾勒出人物的个性特征。如《忿狷》篇写王蓝田性急，吃鸡蛋时用筷子刺不破蛋壳发起火来，把鸡蛋扔在地上用脚踩仍然弄不破它，便恼怒地放在口中咬破后吐掉。通过几个小动作，寥寥数语把人物性急暴躁的特征表现出来，十分传神。其次是善于运用对比手法，突出人物性格。如《德行》篇写管宁割席的故事，通过管宁、华歆对待金钱、权贵的不同态度，揭示两人

品格的优劣。篇幅不长，却有情节、动作，紧凑精采。在语言方面往往直接使用当时的口语，不加雕饰；注意人物语言的个性化。如《尤悔》篇写桓温的卧语："作此寂寂，将为文、景所笑"，"既不能流芳后世，亦不足复遗臭万载耶？"完全是野心家的语言心态。《世说新语》的语言简约含蓄，隽永传神，耐人寻味。胡应麟说："读其语言，晋人面目气韵恍然生动，而简约玄淡，真致不穷。"

《世说新语》是记载轶闻隽语的笔记小说的先驱，后世陆续出现了模仿之作。其中许多故事或成为后代文人骚客爱用的典故，或成为后代一些戏剧小说的创作素材，后来一些成语也出自此书。可见《世说新语》一书在我国文学史上地位之重要，影响之深远。

范晔撰《后汉书》

南朝陶犀牛。头部独角，背上有四束角状鬃毛，尾下垂，腹腔内空，系模制而成。它的原形应是犀牛。

《后汉书》为纪传体东汉史。原本 90 卷，包括纪 10 卷、传 80 卷。今本 120 卷中的志 30 卷为北宋真宗时合入。《后汉书》纪传部分为南朝宋范晔所撰，志部分为晋司马彪所撰，一般称为《续汉志》。

范晔（398～445），字蔚宗。南朝宋顺阳（今河南淅川东）人。历任冠军参军、兵部员外郎、荆州别驾从事。宋文帝元嘉九年（432，一说元嘉元年）因事左迁宣城太守，遂以著述为事，着手撰著《后汉书》。后因陷于宗室权力之争被杀。司马彪（？～约306），字绍统，西晋河内温县（今河南温县西）人。晋朝皇族，曾任秘书丞、散骑侍郎等职。

在范晔撰《后汉书》之前，已有很多后汉史作出现，如东汉官修《东观汉记》、三国吴谢承《后汉书》、薛莹《后汉记》、晋司马彪《续汉书》、华峤《汉后书》、谢沉《后汉书》、张莹《后汉南记》、袁山松《后汉书》、张璠《后汉纪》、袁宏《后汉纪》等。但范晔认为以上之作均不能令人满意，于是在各家基础上，博采众书，斟酌去取，自成一家之言。而其中对《东观汉记》和华峤《后汉书》吸取尤多。范晔本拟效法《汉书》作"十志"，因被杀而没有完成。

范晔《后汉书》问世之后，因其记事简明扼要、结构严谨、文笔流畅，深受学者重视和好评。唐代以本书与《史记》、《汉书》并称"三史"。因此，本书传世后，除袁宏《后汉纪》外，其他各家后汉史作皆相继失传。

范晔《后汉书》纪、传的编次与《汉书》有所不同。《后汉书》叙事喜欢以类相从，而不计较年代先后。书中仿华峤《汉后书》列《皇后纪》，又增列新的类传，有《党锢传》、《宦者传》、《文苑传》、《独行传》、《方术传》、《逸民传》和《烈女传》等，有的类传为后世纪传体史书所效法。

《后汉书》汇集一代史事，是研究东汉历史的重要资料。通行的注释，纪传部分有唐章怀太子李贤注，各志有梁代刘昭注。清惠栋作《后汉书补注》，多有创见。后王先谦加以增补，撰成《后汉书集解》，所搜资料较为完备。

刘宋北伐

宋元嘉二十七年（450）七月十二日，宋文帝刘义隆不顾群臣反对，下诏大举北伐。

本年二月，魏太武帝亲率步骑 10 万，突然南下，围攻悬瓠（今河南汝南县），

北燕金冠饰。冠饰上面是六枝形顶花，每枝上绕三个环，环上各穿一金叶，枝干铆在一个仰钵形座上，下面穿过一个空体扁球，与十字交叉形的金片相连。金片上有针眼，原当为附于冠上的框架。墓主冯素弗为北燕主要统治者之一，卒于北燕太平七年 (415)。此墓出土的金银器代表了北燕地区的最高水平。这批金银饰品的形制、纹样及系列的构成都具有强烈的鲜卑文化特征。

宋南顿太守、颍川太守相继弃城逃走。悬瓠守将陈宪，奋力抗击 42 天，魏攻打不下而退。尽管魏军已退，但宋在这场战事中仍损失惨重，宋文帝为此气愤难平，决定北伐。左将军刘康祖、太子步兵校尉沈庆之都进谏劝阻，文帝不从。当年七月，文帝派宁朔将军王玄谟和沈庆之等率军北伐，而以青、冀二州刺史萧斌为帅。另派柳元景、薛安都等出弘农，而由随王刘诞节制。宋王公、妃主及朝士、牧守，下至富民，均献金帛、杂物，以助军用。又因"兵力不足，悉发青、冀、徐、豫、二兖六州三五民丁，倩使暂行"。又因"军用不充，扬、南徐、兖、江四州，富民家资满 50 万、僧尼满 25，并四分借一，事息即还"。王玄谟率水师北上，先后攻克硗磝乐安，于是进围滑台。柳元景等率军出熊耳山（今河南卢县东南），得当地武装配合，连克弘农、陕县、潼关，关中汉民及羌胡纷纷响应。九月，魏帝引兵南救滑台。王玄谟兵强马壮，却久攻滑台不下。部将见滑台城内多茅屋，建议用火箭射烧。王玄谟却说："彼，吾财也，何烧之！"魏救兵将至，部将又请求发车为营，玄谟仍不从。十月，魏军渡河，号称百万，鞞鼓之声，惊天动地。王玄谟竟慑于魏军声势，仓皇奔退，魏军追击，死伤万余，部下逃散，军资器械，委弃如山。只有前锋垣护之率领的船队，夺水路而下，除损失一船外，余皆安然退回。文帝恐慌，担心柳元景部也遭魏军袭击，急诏元景回师，关中大好形势也随之丧失。此后，宋只能各处堵击，艰苦防守，已无力对北魏发动大规模进攻了。

官营手工业发展为手工业主体

魏晋南北朝时期，战争不断，社会的动荡、混乱和商业的极度衰弱，使得民间手工业的发展受到严重的影响。

传统的民间手工业技艺均是家传，在中原大乱的情况下，大批艺人死于战争、灾荒，少数成为官营手工业者，少数逃亡江南的也没有独立开业的机会。时间一长，各种绝技也就失传了。再者，由于魏晋南北朝时期是以自给自足的自然经济占主体的，各庄园主及自耕农都能生产自己所需的生活日用品，商品交换失去意义，手工业者的生产也是为了自己的需要。没有商品交换，没有市场，民间手工业也就逐渐走向衰弱。但这一时期的官营手工业却在社会动荡中蓬勃发展起来。

官营手工业的服务对象主要是宫廷和官府。这一时期虽然战乱频繁，但帝王的穷奢极欲、贪图眼前享受的迫切需求，却丝毫未弱。这就造成了大量人力投入手工业生产，在客观上刺激了宫廷手工业的发展。魏晋南北朝时期战争频繁，军用品的需求极大，军用手工业也大大发展起来，军用手工业都集中在官府。军用品的数量需求很大，品种也很多，除武器外，还有甲胄、被服、旗帜、车船等，诸如此类军用品的大批生产也是官营手工业兴旺发展的主要原因。除了以上两大客观原因外，官营手工业管理机构的完备，管理方法的改进也是官营手工业兴旺发展的重要原因。

魏晋南北朝时期官营手工业管理机构大体互相沿袭，主要分为中央的，和州郡地方政府两大类。中央的工官大体也分两类，一称少府，一称将作大匠。少府之下，一般设有尚方、左右藏、材官、甄官、平准、掌冶等部门。尚方掌管礼乐器、衣服用具及其他奢侈品的制作等。左右藏掌管皇家钱币。平准主管织物的染色。掌冶主管金属冶炼和兵器弓弩刀铠等的制造。材官管采伐林木，甄官管烧造砖瓦等。在各部门下面又设有专库或专局，负责本专业所用原材料的储备、保管和供应工作。将作大匠并非常设官，有工程时才有，工程结束后常省去。州郡地方政府的官营手工业称为部。在官营手工

中的工匠有多种来源，主要为应役工匠，这些是世代服役的匠户；还有官奴婢转成的，多为女织工；最后的就是掠来的工匠以及从俘虏、囚犯中调来的，由此可见官营工匠的来源是充足的。

　　魏晋南北朝时期，民间手工业衰弱，官营手工业持续稳定发展，并逐渐发展成为手工业主体。

宋伐魏

　　452 年 5 月，宋文帝获悉魏太武帝遭宗爱弑杀，决定北伐，并派抚军将军肖思话督领冀州刺史张永等夺取确磝（今山东茌平西南），鲁爽、鲁秀、程天祚率荆州将士 4 万兵发河南许昌、洛阳等地，雍州刺史臧质率部攻打陕西潼关。青州刺史刘兴祖上书宋文帝称："河南（即黄河以南）百姓困苦，田中无物；各城池固守，非短时间可攻下，大军滞留，运输不便。应趁魏帝刚死，

北魏柱础

无暇远出时，派轻兵，急趋中山，据其关要，当地之人，也会响应。若中州震动，则黄河以南，自当消溃。若前驱克胜，众军一齐渡河，收复河南之地，西拒太行，北塞军都（今北京昌平西北）。此举若能成功，河南、河北之乱均可肃清，若不取胜，亦不伤害大局。"但宋文帝只打算攻取河南，因而没有采纳刘兴祖的意见。7月，张永率军围攻确磝，并修建东、西、南三攻道，自领东道，济南太守申坦当西道，扬武司马崔训当南道。确磝受围几十天未落宋军手中。8月4日，魏军掘城内地道出袭宋军，火烧崔训营寨。7日又烧毁东道和南道，迫使张永乘夜撤军，宋军死伤无数。肖思话闻讯亲自增兵督战，经过十几天的激战，仍无法攻取确磝。由于当地粮食欠收，导致军粮难以为继，肖思话只好在8月21日率军退守历城，下令斩杀崔训，并将张永、申坦监禁牢狱。同月，鲁爽率部抵达长社（今河南长葛东北），魏军弃城逃走。鲁爽追击魏军至虎牢（今河南荥阳县西北汜水镇西），因东线宋军败于确磝，于是率军南还。10月，由于宋军北伐无功而返，宋文帝下诏免去肖思话徐州刺史职务，改任冀州刺史，镇守历城。宋文帝草率北伐宣告失败。

宋太子刘劭弑父自立

宋元嘉三十年（453）二月二十二日，宋太子弑父自立，改元太初。

宋文帝刘义隆共有19个儿子，最宠爱太子刘劭和次子始兴王刘浚。刘劭和刘浚恃宠，行为妄诞，因惧怕父皇知道，遂请女巫严道育行"巫蛊"，琢玉为文帝形象，埋于含章殿地下。453年正月，刘义隆获知此事，并搜得刘劭和刘浚往来的数百封信，内容都是诅咒巫蛊之言，此外还掘得所埋的玉人，遂命有司追究此事，还派人深责刘劭和刘浚，希望两人能知过而改。不料刘劭、刘浚两人不知悔改，反而设法庇护逃跑的严道育，继续作恶。宋文帝大怒，决定废太子刘劭，赐刘浚死，并与尚书仆射徐湛之、吏部尚书江湛商量拥立太子之事。江湛主张立四子南平王刘铄，徐湛之赞成立六子随郡王刘诞，宋文帝则倾向立七子建平王刘宏。由于意见不一，立太子之事久议未决。宋文帝还将其打算告知潘淑妃，后者又告刘浚，刘浚又告其兄。刘劭与心腹队主陈叔儿、斋帅张超之等决定抢先下手，并每夜犒劳将士，收买军心。2月21日，刘劭召前中庶子右军长史肖斌、左卫率袁淑、中舍人殷仲素、左积弩将军王正见一同入宫，泪流满脸地说："主上相信谗言，将要废我。我自反省，并无罪过，我不能受此冤枉。明晨，当行大事，望大家一同出力。"次日清晨，刘劭率亲信2000多人突然从万春门入宫，伪称："受敕，有所收讨。"张超之率数十人拔刀直上合殿，弑杀正在谋划废太子的宋文帝和徐湛之，并擒杀江湛。刘劭随后下令百官入宫，矫称徐湛之、江湛弑逆，已被诛杀，并宣布即位，改元太初，大行封赏。

宋改铸四铢钱

宋孝建元年（454）正月二十四日，宋改铸四铢钱，导致币制败坏。

元嘉七年（430）年十月五日，宋文帝刘义隆下诏设立钱署，铸四铢钱，重四铢，比五铢钱减重20%，轮廓、形制与五铢钱相同，铸一钱之费与一钱之用相等，成本与使用价值相当，很受民间欢迎。447年，刘义恭建议行大钱，以五铢钱一当四铢钱二，但不到一年就取消了。后来民间剪凿古钱，

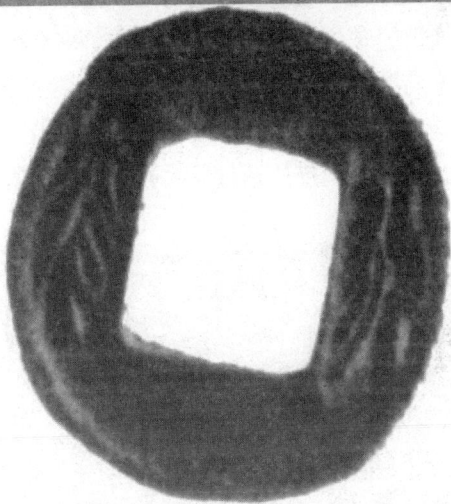

刘宋永光二铢钱

取铜私铸，一再减轻钱的重量，453年曾出现一种重仅1.2克的四铢钱。宋孝建元年（454）正月二十四日，宋孝武帝刘骏下诏改铸"孝建四铢"，重约2.4克，比原来的四铢钱再减重四成，钱文是薤叶书。该钱形制薄小，轮廓不整，于是盗铸者众，偷工减料。成本低于使用价值。有的夹杂铅、锡，有的剪凿古钱，钱形日益薄小，物价日益上涨。朝廷多次颁令严禁盗铸四铢钱，但收效甚微。455年春，官府转而禁止使用劣钱，轮廓、形制不合规格者均不得使用，民间大哗，导致翌年朝廷议铸二铢钱。但会议毫无结果。从此盗铸更盛，贸易更难进行。

永光元年（465）二月二十七日，刘子业（前废帝）当政，终于改铸二铢

钱。官钱每出，民间即仿铸，形制更为薄小，且无轮廓，称为"耒子"。九月，采纳沈庆之的建议，允许私铸。从此，币制加速败坏。次年（466）三月二十五日，又禁断包括元嘉在内的所有宋铸新钱，专用古钱。宣告宋币制彻底败坏。

刘骏起用寒人南朝庶族兴起

宋孝建元年（454）六月，宋孝武帝刘骏为控制臣下，重用寒人。

寒人是魏、晋、南北朝时期政治特权较少的一般地主。他们有些渡江较晚，有些是南方土豪，与累世做官、享有特权的门阀士族处于对立地位，亦称"寒门"或"庶族"。魏晋实行门阀政治，寒人的地位远较高门士族低下，在仕途上官至郡守已是顶峰，在封建政治中毫无前途可言。自东晋末年以刘裕为代表的寒门庶族通过领兵打仗建立刘宋政权后，寒族地方的权势逐渐上升，但大多数只能以军功为将帅，或作为皇帝爪牙出任宗室藩镇的典签，进入朝廷政治中枢的希望仍然不大。

宋孝武帝刘骏以平乱登帝位，终非法定接班人，时有不安之感。454年二月，江州刺史臧质等拥荆州刺史南郡王刘义宣反叛，经百余日始平定。刘骏对藩镇强大、

南朝观音立像龛

宗室权重十分担心。为了有效地削减宗室藩镇的地盘和权力，在 454 年六月下令从荆、湘、江、豫 4 州分出 8 郡，另设置郢州，并果断裁省去几百年来一直作为真宰相职衔的录尚书事，将权力集中到宫掖。他不再信任大臣，而是收罗寒人为心腹，任用山阴寒人戴法兴、鲁郡"人士之末"巢尚之为中书通事舍人，放手让他们参与百官升迁、赏罚等机要事务，"凡选授诛赏大处分，上皆与法兴、尚之参怀"，以致刘骏死后，太子刘子业尚未亲政之际，"凡诏敕施为，悉决法兴之手，尚书中书无大小，专断之"。民间戏称戴法兴为"真天子"。从此，寒人在中央政权中参预机密、出纳王命成为制度。宋明帝刘彧当政时，任用寒人阮佃夫、王道隆等为中书通事舍人，权势比戴法兴、巢尚之更为显赫。齐、梁、陈三朝一脉相承。肖齐的刘系宗、吕文度、茹法亮，梁代的周舍、朱异等，都没有一个是出身于高族望门，但他们"权倾天下"，特别是中书通事舍人朱异，居要职 30 多年，"方镇改换，朝仪国典，诏诰敕书，并兼掌之"。因此，南朝寒人干政自刘骏时代始。

宋孝武帝刘骏

宋元嘉三十年（453）三月十七日，宋武陵王刘骏誓而靖难，进兵建康讨刘劭。

宋武陵王刘骏是宋文帝三子，领江州刺史，屯驻五洲。宋太子刘劭弑帝自立后，修书令大将沈庆之设法杀掉刘骏。沈庆之将此事告诉刘骏，刘骏于 3 月 17 日戒严誓师，以沈庆之为领府司马、襄阳太守柳元景、随郡太守宗悫为谘议参军领中兵，辅国将军朱修之行平东将军，颜峻为谘议参军，兼总内外。22 日，刘骏正式出兵，行军两天到达寻阳。27 日，刘骏命颜峻传檄四方讨伐弑帝的刘劭，得到各州郡的响应。南谯王刘义宣、司州刺史鲁爽、隋王刘诞、宣城太守王僧达以及国戚勋臣臧质都举兵伐诏。刘劭自恃一向习武，对刘骏举兵不加重视，当各州郡群起响应刘骏后，刘劭才害怕起来，忙同肖斌等人商议退敌之策，并焚烧淮南船只和民房，将百姓驱迁淮北。4 月 1 日，讨劭各军在中兵参军柳元景率领下向建康挺进，并传书朝中大臣陈述刘劭之罪行及讨劭之必要。21 日，柳元景率部至新亭，依山为垒。22 日，刘劭命肖斌统领步军、褚湛之统领水军，会同鲁秀、王罗汉、刘简之部共精兵 1 万人攻打新亭，自己则登上朱崔门督战。柳元景、鲁爽率军大败劭军，斩刘简之、伤肖斌。刘劭逃回宫中，兵士溺毙于秦淮河者甚众。26日，武陵王刘骏抵达新亭，大将军义恭上表劝进。27日，刘骏即皇帝位，实行大赦。5月1日，臧质率2万雍州兵至新亭，讨劭各军共围建康。刘劭派军沿秦淮河构筑防线，但抵挡不住讨劭各军的攻击，王罗汉投降，肖斌欲降但为刘劭斩首。3日，朱修之攻克东府，次日，各军攻克台城，进入皇宫，擒杀王正见、张超之等人。刘劭仓皇穿越西垣，藏在武库井中，终被讨劭军抓获并斩于军门。刘浚在南逃路上被义恭杀死。刘劭、刘浚两人的妻妾子女大多被俘杀。严道育被鞭杀、焚尸而扬灰于江中。刘劭弑父窃位不足3月终告失败，刘骏率师讨兄荣登皇位。

阚氏高昌建立

宋大明四年（460），柔然灭沮渠氏，以阚氏伯周为高昌王。

阚氏是高昌（今新疆吐鲁番东南）汉族大姓，十六国末期其首领阚爽在柔然帮助下占据高昌，自任太守，宣布脱离北凉统治。442年沮渠无讳率北凉残部重占高昌，阚爽率族人逃往柔然避难。次年，沮渠无讳自立为凉王，此为高昌地区建国之始。460年，柔然国势比较强盛，处罗可汗决定帮助阚氏复

高昌国故城遗址

国。11月，柔然派遣大军南下攻克高昌，杀死沮渠无讳的继承人沮渠安周，帮助高昌阚氏重返家园。此时阚爽已死，柔然遂立阚氏族人阚伯周为高昌王，此后以高昌为国号，亦称"阚氏高昌"。阚伯周建立"阚氏高昌"后，对外彻底断绝与中原王朝的官方关系，而以柔然为保护国，并长期使用受罗部真可汗的"永康"年号；对内发展地方经济，崇尚汉族文化传统，信奉佛教。"阚氏高昌"自阚伯周开始，中经阚义成，最后传至阚首归共传3世，合31年，于491年被高东所灭。

金铜佛像进入全盛时期

迄今发现最早纪年铭的佛像是现藏美国旧金山亚洲美术馆的后赵石虎建武四年（338）雕造的一尊鎏金铜坐佛像，它结跏趺坐，双手作叠压禅定式，长长的杏仁眼，方圆脸形以及规整的垂中平行衣饰，高肉髻，在形式上直承汉末四川陶佛像，形体与衣纹的左右对称，也是西来佛像中国化的具体实例，被认为是中国式佛像的早期形态。

北魏早期，赫连族攻入佛学中心长安，灭佛杀僧，著名高僧鸠摩罗什的高徒白脚禅师来到平城（山西大同）受到魏武帝的礼遇。北魏灭北凉（439）后，把凉州具有高超技艺的工匠房掠到平城，同时也俘获了大批僧人，平城成了北方的政

金铜释迦立佛像

短命王朝

铜造像

治文化及佛教中心，金铜佛像从此被大量制造，今存北魏太平真君二年（441）赵通造金铜佛像，太平真君四年（443）金铜佛立像，是太武帝废佛前的代表制品，形式古朴。出土于河北石家庄的鎏金铜造像，分伞、佛像、座三部分，是十六国以后保持最完整的一座。河北省博物馆收藏的另一件金铜坐佛像，造形浑圆，而造于太平真君

鎏金观世音铜像

十一年（450）的金铜坐像，古朴之气息渐失而趋向写实，两手不再拱而置于胸腹间，改为右手施无畏印，左手置于膝上。衣纹下垂作椭圆形线，衣裾下缘下垂到座的上部，这是新的发展。

魏文帝统治时期，一度遭受政治打击和道教冲击的佛教得到迅速恢复，曾遇灭顶之灾的佛教徒也吸取了

教训，提出皇帝就是如来的观点，凭籍皇权宏扬佛教。兴光元年（454）平城五级大寺铸金铜释迦立像五躯，以太祖以下五帝相貌为依据，高各一丈六尺，共用铜 25000 斤。公元 466 年，献文帝在天宫寺造释迦立像，高 43 尺，用铜 10 万斤，黄金 600 斤，金铜佛广泛制造的风气盛极一时，而且形制和规模不但扩大，在太和年间形成了金铜佛像制造的全盛时期，如现存太和二年（478）铭金铜佛造像、从妻刘造弥勒坐像，河间乐成人张卖造弥勒坐造像、李成造像、王上造像等不下十多件，山东博兴县出土的更为繁多。这时期的金铜佛像，以唇厚、鼻隆、目长、颐丰、挺拔而有丈夫气为主要形象特点。

在南方，东晋已开帝王奢竞之风，这种时代风尚成为名士奇匠竞心展力的外在驱动力，出现了以戴逵、戴颙父子为代表的著名佛像匠人。戴逵曾积三年苦思制成丈六无量佛，"巧凝造化"，成为供大量仿制的中国像杰作，这种追求民族化的审美旨趣的创作，开创了中国式佛像的制作范式。所造行像，运用脱胎漆器工艺，发明了既壮崇又轻灵的夹苎佛像，适应了当时抬佛巡行习俗的需要，被世人称为一绝。其子戴颙从小随父参与塑像，相互切磋技艺，以精思神巧为时人称许。

刘宋以降，靡费之风大帜，建寺造像所用的铜无以计数，甚至危及国力，孝武帝刘骏一次就为瓦官寺铸金铜佛像 32 躯。梁武帝出家的同泰寺十方佛为金银像。而光宅寺造丈八无量寿金铜大像，用铜 40000 斤，陈宣帝所铸铜像多达 2 万，修治旧像 130 万躯。这些足以想见当时金铜佛像铸造的形制和规模。在风格上，南朝金铜佛像崇尚宽大博敞的天衣裙裾衬托出飘逸俊秀的体势，是南朝时尚的秀骨清像人物仪范在佛教造像上的具体表现。二戴的艺术技法也被广泛流传。整个南朝的造像均显示出形体轮廓具有整体感并极富装饰性的特色，与当时竞尚奢靡之风相一致。

无论在南朝还是北朝，金铜造像规模形制都十分宏大，艺术技巧也日臻完善，从而使金铜造像完全中国化并达到其全盛期。

宋行沙门致敬人主制

大明六年（462）九月一日，宋孝武帝颁行沙门致敬人主制度。

南北朝时期，佛教大盛，然而，沙门见到君主，按佛规不行跪拜之礼，

南朝经变故事浮雕。此为造像碑碑阴，上部残缺，中部断裂。所刻经变故事，以山石相连，形成一体。碑两侧各分八格，内刻经变与佛主相关的各类物象。该浮雕琢刻精细，不仅标志着南朝雕刻艺术的成就，同时亦为研究中国早期山水画的风貌提供了实物资料。

这一点为君主所厌恶。早在东晋咸康（335～342）年间，庾冰、何充辅政，庾冰代成帝下诏，令沙门跪拜人主，而何充善佛，坚持不允。元兴（402～404）年间，桓玄当政，又令沙门跪拜人主，遭到名僧慧远的强烈反对，也没实行。

按佛规，跪拜之礼只与佛祖、菩萨、圆党、声闻、僧师等。宋刘骏孝武帝时，令有司再次讨论沙门是否应该致敬人主之事。有司奏到："不轻比丘，遭人必拜；目连桑门，遇长则礼"，"儒家助人君，留意于仁义之际；法家信赏弊罚，以辅礼制；名家正名，名位不同，礼也异数；墨家崇勤俭，兼爱，都对父母、皇上尊敬。

唯佛教，宁肯屈膝礼拜佛、菩萨、圆党、声闻而不拜父母双亲。叩头尊敬老僧，而直体见君不参。臣等参议，沙门见君，应当尽其虔诚，礼敬之容，依其本俗。"九月，实行沙门致敬人主制度。

在此制执行的3年中，沙门因拒绝执行此项制度，被鞭打甚至被斩杀者很多。永光元年（465），前废帝刘子业即位，因担心此项惩罚过于严厉，恐激起佛徒生乱，遂废罢。

祖冲之造大明历

南朝宋孝武帝大明六年（462），著名数学家、天文历算学家祖冲之在总结前人的经验的基础上，经过自己实际测量和精确运算，编制了一部优秀的

历法——大明历，这是南朝最优秀的历法。

南北朝出现的历法很多，北朝尤盛。北朝的统治者们相信改历、改元会使他们的政权长久的五行说，先后编造了12部历法。南朝的情况也大致相似。

祖冲之大明历的编制的最大创造性就表现在将东晋虞喜发现的岁差现象引入历法计算之中。这样冬至点就是逐年变动的，纠正了历法中固定冬至点与天象的不合。这不仅克服了旧历的严重缺陷，而且提高了历法计算的精度。祖冲之勤于实测，长于数学，为了使所编历法的基本常数回归年长正

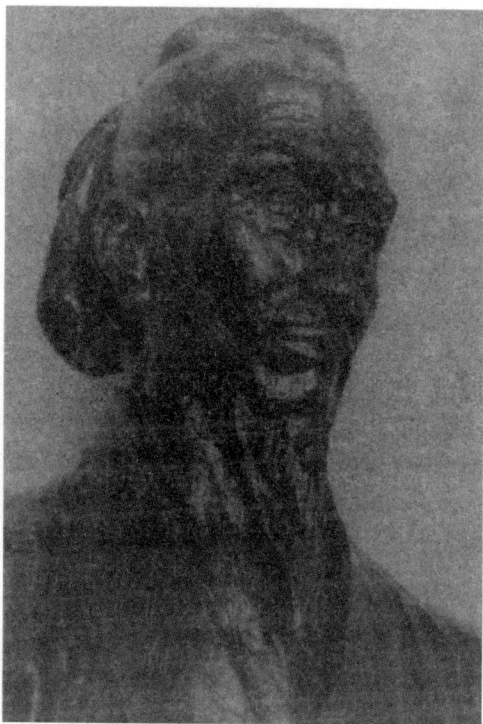

祖冲之像

确，他于大明五年（461）冬至前后用圭表测量日影而定冬至太阳在斗十五度，与过去的值比较后，得到岁差每45年11个月差一度的结论。虽然他定的岁差值精度不高，但这是开创性的工作，在中国历法史上是一个重大进步，而且他的测量和计算方法被后世所效法。

大明历以365.2428日为回归年长，此后的700年间，这一年长值一直是最好的。大明历计算出的交点月数值为27.21223日，与现代测得的值27.21222日相差仅万分之一日；计算出的近点月数值27.554687日，与现代测得值27.554550相差不过十万分之十四日。祖冲之还采用了391年中有144个闰月的精密的新闰周。这些卓越成就都是建立在精确的天文观测基础上的，同时与数学的进步密不可分。

然而这部优秀历法诞生以后，受到权臣戴法兴的阻挠而未能及时颁行，直到梁天监九年（510）才得以行世，这是中国科技史上一件十分遗憾的事情。

谱写家史盛行

从东汉到魏晋南北朝时期，门阀制度对社会政治生活影响越来越大，成为一种特殊的政治现象。世家大族把持国柄，王朝更迭频繁混乱，皇权卑落，政局腐败。这个时期的重要官吏选拔制度——九品中正制也逐渐形成忽视才德、只重家世的择人标准，成为构成门阀制度的重要组成部分。一方面，作为豪强世族显赫于世的副产品，家史是一种结果，另一方面，家史又进一步强化了门阀制度这一怪胎的存在。

家史是记载一个家庭历史、世系的书籍，又分为家传和家谱两种形式。家传重在记述家族的历史沿革和家族人物的某些事迹及言论；家谱则主要记载家族的血缘关系、承传状况和繁衍过程。《隋书·经籍志》杂传类自《李氏家传》以下，至《何氏家传》止，共著录家史29种，多为西晋南北朝人所撰，如《王朗王肃家传》、《太原王氏家传》、江祚《江氏家传》、裴松之《裴氏家传》、曹毗《曹氏家传》、范汪《范氏家传》、纪友《纪氏家传》、明粲《明氏世录》、王褒《王氏江左世家传》等等，可见当时家传编修之盛。

家谱的撰述与当时谱牒的兴盛有密切关系。谱牒带有群体性，或是全国性的，或是一个皇朝统治范围内的，或是一个地区的，因而不同于家谱的一门一姓之限；另一方面，谱牒属官修，又不同于家谱的撰自私门。尽管如此，它却必须以家谱为基本构成因素，因而家谱备则谱牒成；谱牒兴，家谱自然也盛，二者相互联系，相互促进。至于谱牒兴盛则是由于魏晋时"品藻人物"、"有司选举"、划分士庶，都以谱牒为依据。此外，门阀士族之间的联姻，也往往要互相考察谱牒，以保证门当户对。这两个方面结合起来，就是"官有簿状，家有谱系；官之选举，必由于簿状；家之婚姻，必由于谱系"。

家史，是史学发展的一种特殊表现形式。魏晋以来，家史大盛。当时贾弼曾广集群族十八州一百十一六族谱，共七百一十二卷，但早已佚失。隋唐修家史之风仍旧盛行，今也不传。宋以来家史均以苏洵所创体例为本，沿袭至明清，大体由谱系、朝廷恩荣、祠宁、家墓、传志、艺文等几方面组成。

清代和民国时期家史许多流传至今，这些家史为史学研究提供了珍贵资料，并对社会学、民俗学、人文地理和遗传学有重要参考价值。

宋前废帝暴戾好杀

永光元年（465）八月，宋刘子业（前废帝）大杀宗室、大臣，人心丧尽。

宋前废帝年幼而性暴，及即位以后、开始还颇忌太后、大臣及戴法兴等，不敢自专。太后死后，帝年渐长，欲有所作为，戴法兴辄加以压制。于是皇帝发诏免法兴，遣还故里，后赐死。

颜师伯掌权日久，废帝想亲政，于是降颜师伯为尚书左仆射。颜师伯便与义恭、柳元景聚谋杀废帝，拥义恭，但事泄后，废帝亲帅羽林兵杀义恭及

宋高髻女俑

宋男俑

其 4 子。断义恭肢体，挑出眼睛，挖出心脏，以蜜浸之，称为"鬼目粽"。后颜师伯、柳元景也同受戮。废帝畏忌诸叔父在外为祸，因此都把他们集中在建康，百般凌辱。刘彧体最胖，号为猪王，一日，将刘彧脱光，捆手足，令人担付太宫，说："今日杀猪"，后经建安王劝说才得以逃脱。刘子业的异母弟新安王子勖，于孝武帝时有宠，为废帝所深恨，次年赐新安王及同母弟南海王子师死。数日后，下诏讨伐叔父徐州刺史义阳王刘昶，刘昶无奈，只好逃奔北魏。同年十月又杀大臣王藻、孔灵符及其叔父的 3 个儿子。湘东王彧见事情紧急，勾结宫官，抢先于 29 日发动政变，废杀子业。

薛安都叛宋引起宋魏战争

泰始二年（466）十月，徐州刺史薛安都等遣使求降。宋明帝认为南方已平定，应示威于淮北，乃命镇军将军张永，中领军沈攸之帅师 5 万，迎薛安都。蔡兴宗、肖道成都劝明帝不要这样做，明帝不听。安都闻宋大军北上，遂遣使请降于魏。十二月，张永、沈攸之进逼彭城，魏派尉元率大军来救。泰始三年（467）正月，尉元攻张永，张永大败。时值天降大雪，泗水冰合，永等弃船步行，士卒冻死者大半。尉元和安都又前后夹击，永军死者以万计，横尸 60 余里。张永、沈攸之仅以身免。由此，宋淮北四州（青、冀、徐、兖）及淮西之地（汝南、新蔡、谯、梁、陈、颍川）都失去。

天安二年（467）三月，魏遣征南大将军慕容白曜攻宋。白曜进抵无盐城，一举攻克，杀宋将申纂。又攻肥城，获粮 30 万斛。于是，乘势又攻取垣苗、糜沟二城，10 日之内，连克 4 城。八月，魏人又占据彭城、下邳、宿豫、淮阳、历城、东阳等地。

皇兴二年（468）正月，魏汝阳司马赵怀仁率众侵宋武津（今河南上蔡），豫州刺史刘勔派龙骧将军申元德破之。魏于都公阌于拔又率防运车 1000 多辆援赵怀仁，申元德单骑直入，斩杀阌于拔，获车 1000 辆。泰始四年（468）二月，魏慕容白曜又攻取历城、平城等地。

刘宋爆发内战

泰始二年（466）正月，明帝的侄儿江州刺史晋安王刘子勋在寻阳称帝，改元义嘉。

刘子勋是前废帝的弟弟，排行第3，时任江州刺史，驻寻阳。前废帝暴虐时，曾遣使送毒药赐子勋死，子勋手下长史邓琬劝年仅10岁的子勋起兵，还没及行动，前废帝已为明帝刘彧所杀。

湘东王刘彧在其弟建安王休仁、山阳王休佑拥立下称帝，是为明帝，而此时邓琬已将起兵之事准备妥当，不愿停止。于是邓琬以为：刘子勋排行第3，与文帝、孝武帝排行相同，而从寻阳起兵，又与孝武帝以江州刺史入登大位相同，天意如此，事必有成。这样，邓琬就诈称受路太后玺书，拥刘子勋于寻阳称帝，起兵与刘彧夺取江山。刘子勋的弟弟郢州刺史安陆王子绥、荆州刺史临海王子顼，会稽太守寻阳王子房等，在长史支持下，都起兵响应子勋。遂后，雍州刺史袁顗、徐州刺史薛安都、冀州刺史崔道固、青州刺史沈文秀、幽刺史刘休宾、兖州刺史华众敬、梁州刺史柳元怙、广州刺史袁灵远、益州刺史萧惠开等，皆支持子勋，一时间，刘子勋的势力异常强大。

刘彧只保有丹阳、淮南数郡。然而，刘彧遇事不慌，合理分兵，适当调度，先后进讨。他命令两个弟弟，巴陵王休若主持东讨，桂阳王休范主持北讨，自己坐镇建康接应。首先在晋陵、义兴一带击败会稽方面的北上军队，又进军浙江东部，生俘了寻阳王子房，取得东战场的胜利。接着，于泰始二年（466）七月，邓琬以刘胡在安徽贵口一带与刘彧大将沈攸之相持不下，乃加袁顗督征讨诸军事。袁顗帅楼船千艘，战士二万鹊尾。凯本无将略，性又怯懦，终日谈诗赋文，大失人心。这样，袁顗、刘胡与浓攸子在浓湖相拒。龙骧将军向沈攸之献计说："敌据上游，兵强地胜，我方虽可自守，却难以制敌。若以奇兵出据其上，见机而动，敌则首尾难顾。钱溪最窄，实为要冲之地。"攸之赞同。张兴世于是乘夜率兵到达钱溪，截断了袁顗军的粮道。刘胡率军夺钱溪不胜，反为袁顗所忌恨，于是刘胡带2万兵而走，袁顗军大败，宋军

纳降 10 万人，得粮 30 万斛。至八月，大将沈攸之攻下寻阳。子勋及诸弟均被杀，大乱略定，十二月，宋军攻克益州，内战遂平。

山阴公主置面首

刘宋末年，皇室荒淫无度。山阴公主本是前废帝刘子业的姐姐，景和元年（465）八月的一天，她竟厚颜无耻地对前废帝说："妾与陛下，男女虽然不一样，但都是先帝子女。陛下你可以有六宫数万，而妾我唯有驸马一人，这事太不公平！"身为皇帝的刘子业非但不加以谴责，反而为公主置面首 30 人（面，即取其貌美；首，即取其发美。故后世谓男妾为面首。）以供其享乐，还进爵公主为会稽郡长公主。吏部郎褚渊貌美，公主看中以后便向前废帝请以自侍，前废帝答应。褚渊服侍公主十余日，屡被逼迫，褚渊以死相誓不从，才得以脱免。

鲍照发展乐府诗

鲍照（414？～466），字明远，东海（今江苏省涟水县北）人。他出身贫寒，因为向临川王刘义庆献诗而受到赏识，被任命为国侍郎；文帝时又被任命为中书舍人。后来临海王子顼镇荆州，鲍照是前军参军，所以世称"鲍参军"。466 年，王子顼起兵失败，鲍照为乱军所杀。在刘宋诗坛中，田园诗和山水诗占据重要的地位，而鲍照以其拟古乐府诗独步一时，与陶渊明、谢灵运并领风骚，被后人认为是刘宋时期杰出的诗人之一。他著有《鲍参军集》传世。

鲍照现存的诗有二百多首，其中八十多首是乐府诗，广泛地描写了社会生活。其中最主要的内容是抨击门阀士族制度下的社会不平现象，表现了寒士阶层的强烈不满和反抗精神。这方面的代表作是《拟行路难》18 首。"泻水置平地，各自东西南北流。人生亦有命，安能行叹复坐愁！"这些诗句透出一股悲愤不平之气，表现了诗人不屈的独立人格。鲍照诗歌的另一内容是写边塞战争和征夫戍卒的生活。这些诗既歌颂了出征将士"投躯报明主，身死为国殇"的报国之态，亦对他们沙场征战的艰辛险恶报以深切同情。鲍照还有一些作品描写了丰富细腻的感情生活，有游子、思妇的思乡思亲之情，

也有女性对美好爱情的追求。鲍照的乐府诗，既有丰富深刻的内容，又有强烈奔放的激情，具浪漫主义色彩，形成了他"文甚遒丽"的艺术风格。他在形式上也冲破五言诗的局限，"不避险俗"地使用语言。他的七言诗从每句用韵的"柏梁体"中解放出来，恢复了中国诗歌上隔句用韵的自然方式，且可自由换韵，为后来文人七言诗的发展确定了形式，为百余年后的唐诗之盛开拓了道路。

《三洞经书目录》编成

宋泰始七年（471），道士陆修静奉诏整编《三洞经书目录》成书。陆修静（406 ～ 477），字元德，谥简寂。吴兴东迁（今浙江吴兴东）人。早年好外游，曾与陶渊明、释惠远在庐山结"莲社"。后酷爱经书。宋泰始 3 年（467）奉命至建康崇虚馆整理道经。先整理《灵宝经》，将该经新旧 55 卷合成 35 卷。又搜集整理《上清经》、《三皇经》。最后在此三经前分别缀上"洞玄"、"洞真"、"洞神"之名仿佛教《三藏》，合编成《三洞经书目录》，共 1228 卷。本书为我国最早的道教经书总目。《三洞》之名一经修静创制，历代相承不改。三洞经书从此成为道教正统核心经典，奠定了后世《道藏》的基础。

王俭上《七志》

宋元徽元年（473）8 月，宋秘书丞王俭上奏所撰《七志》。

王俭（452 ～ 489），字仲宝，琅邪（今属山东）人。曾在刘宋及肖齐为官，官至中书监。为政之余，好儒学及图书目录之学。齐永明二年（484）于自己住宅开学士馆，大兴儒学。一生著述甚多，有《古今丧服集记》、《元徽四部书目》等，其中以《七志》最为有名。

《七志》共 40 卷。依刘向《别录》

北魏皇兴五年 (471) 皇兴造像

之体，分图书为经籍、诸子、文翰、军事、阴阳、术艺、图谱 7 类，撰述题要。另附道、佛各 1 类。正文分类较刘歆《七略》谱图谱一类。每书题要下另录作者传记，开传录体书目之先例。以宗教文献附录亦属创举。

肖道成专权擅宋政

宋升明元年（477）七月七日，肖道成废杀宋后废帝刘昱，擅权宋政。

肖道成，字绍伯，原为兰陵郡（今在山东）人。东晋南渡，先祖有意举族随迁，侨居晋陵郡武进县（今江苏常州）。当时肖氏为寒族，仕宦难得显赫。后来，肖氏有一女嫁彭城刘翘为继室，成为刘裕的后母。刘裕称帝建宋后，肖氏作为外戚，仕宦才有转机。宗族中人有思话曾官至中书令，肖道成之父继承其位，官至冠军将军。肖道成少好学。宋元嘉二十三年（446），始为雍州刺史有思活左军府中兵参军。因军功，明帝时官至太子左卫率。明帝卒，遗诏以肖道成为右卫将军，参掌机务。与袁粲、褚渊、刘秉共同辅政，当时号称"四贵"。

明帝之后，刘昱 10 岁即位，初惧太妃，畏大臣，未敢放纵。稍大后便肆无忌惮。喜欢外出，从者皆执铁矛，行人男女及犬马牛驴，遇之无一幸免，

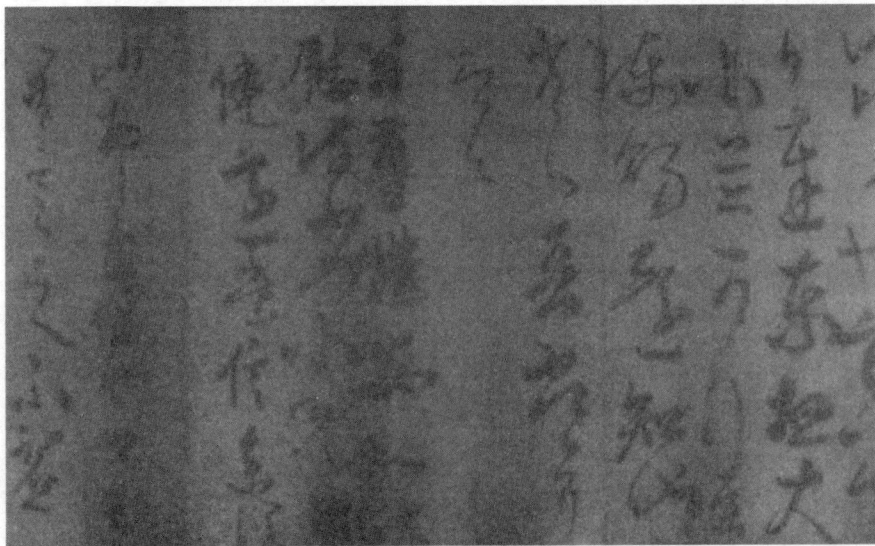

南齐王慈所书《尊体安和帖》及《郭桂阳帖》

一日不杀人，则惨然不乐。宫中大臣也惊惶不已。肖道成时为中领军，亦受刘昱猜忌。为自保，肖道成遂与越骑校尉王敬则及刘昱左右刘玉夫等勾结，于宋元徽五年（477）七月废杀刘昱，立安顺王刘准为帝，是为顺帝，改元升明。自此，肖道成进为司空、录尚书事、骠骑大将军，总揽军国大事，布置心腹，事事自专。

升明元年（477）十二月，湘州刺史王蕴与袁粲等密谋杀肖道成。事情泄露，肖道成派禁军镇压，城陷，袁粲等均被杀。升明二年（478）二月，宋任侍中柳世隆为尚书右仆射，褚渊为中书监，卫将军肖赜为江州刺史，侍中肖嶷为中将军。尚书左仆射王僧虔为尚书令，加肖道成为太尉，都督南徐等十六州诸事军，赐黄钺，于是权力归肖道成。升明二年（478）三月，将帅黄回不愿在郢州固求南兖，遂率部曲东还，被任命为南兖州刺史。四月，肖道成恐黄回背叛反对他，历数其罪而杀黄回。升明二年（478）九月，太尉右长史王俭私人对肖道成说："自古以来，功高不赏，屡见不鲜，凭您今日之地位，难道终生为臣？"劝肖道成篡位。王俭于是提议加封肖道成。宋帝乃下诏任肖道成假黄钺大都督中外诸军事、太傅，领扬州牧，可以持剑入殿，入朝不趋，赞拜不名，使持节、太尉、骠骑大将军、录尚书，南徐州刺史如故。

道教流派出现

魏晋南北朝是中国道教的成熟和定型期，作为其特征，这一时期道教的主要流派形成，而且出现了大量的理论著作。从而使中国道教走上了独立发展的轨道。

道教的三大主要流派形成于这一时期，并各自建立了独具特色的理论体系。

东汉末年活跃于汉中地区的五斗米道势力很大，曹操收编张鲁以后，为对其加以限制，将汉中数万户居民迁到长安及三辅，使其势力一度因分散而回落，但也得到了一次向全国传播的机会。两晋时期受到世族的崇奉，身价倍增，由于其组织松散，引起了许多复杂的社会问题，并导致了陈瑞天师道起义、流民起义等，对社会震动很大，直接冲击了东晋政权。在这种背景下，北魏寇谦之开展了"清整道教"的宗教改革活动，他在北魏道武帝和重臣崔

南齐王志《一日无申帖》

浩的支持下，从神瑞二年（415）开始，借助政权的力量整顿了道教组织，历经二十多年，形成了"北天师教"或"新天师教"，北方道教组织进一步完善。寇谦之的道教理论著作 80 余卷，包括《老君音诵戒经》等，崇奉太上老君，摒弃了可被农民起义所利用的教义和制度，主张臣忠子孝、夫信妇贞、兄敬弟顺、安贫乐贱等伦理纲常，而且引入一些佛教理论，宣扬轮回，模仿佛教的某些仪式，其维护伦理名教的态度十分鲜明。泰始元年（465），南朝宗著名道士陆修静受到明帝礼遇，为其在建康北效天印山筑崇壶馆，他着手对南朝天师道加以改造，搜集、整理经籍达 1128 卷，并撰写《三洞经书目录》，这是我国最早的道教经书总目，其理论要点是主张斋戒，为此制定的斋戒科仪达百余卷。经其整顿的天师道称"南天师道"。

在天师道改革的同时，杨羲、许谧等人创立了上清派。葛洪的玄孙葛巢

甫创立了灵宝派，上清派奉元始天王为最高神，强调个人修炼，特别是存神服气，辅以诵经修功德，贬斥房中术，对天师道特重的符箓斋醮很轻视，有上清经 50 卷，是其早期经典。灵宝派的经典是葛巢甫在《抱朴子·内篇》的基础上创造的，为了自神其说，融入了一些神话传说，刘宋时著名道士陆修静整理编定，又增加了斋醮科仪 100 卷，他们把上清派的元始天王称为元始天尊，天师道的太上老君降到第三位，中间加入太上大道君，被后代道教推尊为"三清"，除存神诵经、修功德外，特别重视斋醮科仪和集体修道、轻外丹和房中术。

除天师、上清、灵宝三派外，陕西有楼观派，演变成元代的全真教，强调道教为中国宗教的正统地位，魏晋和南北朝时期楼观派的著名道士有王浮、严达、王延等。

这一时期，道教理论成熟，东晋葛洪《抱朴子》构造了比较完整的理论体系，上清派《黄庭经》代表了内炼术在当时的最高水平，奠定了内丹派的发展方向，陆修静《三洞经目录》记道了 1090 卷，可见其著作繁荣之大貌，道教主要流派的出现和理论著作的繁荣使道教发展进入成熟期。推动了整民族理论思维和文化水平的进步。

肖道成灭宋建齐

宋升明三年（479）三月，宋升太傅肖道成为相国，总百揆，为齐公，加九锡。四月一日，进齐公为齐王，再增封十郡，并加齐王殊礼。

宋升明三年四月二十日，肖道成派人逼宋顺帝下诏禅位。二十一日，宋顺帝临朝，但不肯出来。太后害怕，亲自率宦官在佛盖之下找到宋顺帝。于是迫宋顺帝行禅让礼，并把他迁到东邸。宋司空兼太保褚渊奉玺绶百官到齐宫劝肖道成登位。二十三日，肖道成即皇帝位，国号齐，改元建元。是为齐太祖高皇帝。史称南齐或肖齐。降宋顺帝为汝阴王，筑宫丹阳，设卫士守之。迁宋神庙于汝阴。诸王皆降为公。宋、齐的官僚，依任旧职。建元元年（479）六月，齐立王太子赜为皇太子。

齐建元元年四月，肖道成提倡节俭，禁宗室经营屯邸。东晋以来，由于公私田地渐被瓜分殆尽，王公贵族将注意力转移到历来作为公共财产的山林

肖道残像

湖泽上。他们设立了名之为"屯"的专门组织，进行封山掠湖的活动。朝廷屡禁不止。到宋大明初年（457），朝廷见禁止不行，改而采取限制的政策，规定须按官品占领山湖，官品高者占多。王公贵族暴富之后，又将财物大放高利贷，他们经营高利贷的店铺，称为"邸"。齐道成即位之初，鉴于刘宋因为奢侈而亡国，所以提倡节俭。下诏："二宫（即上宫皇子，东宫皇孙）诸王，均不得营立屯邸，不得封山封湖为己有。"建元元年四月，肖道成又下令禁止募部曲。肖道成在位4年间，还采取一项重大措施，即督顿户籍。

肖齐国与刘宋一样，为了争夺权力，宗室间不断互相残杀。因而传国不永，凡七帝23年。肖道成死后，肖赜即位，为齐武帝。齐武帝死后，肖道成的侄子肖鸾父子相继即位。他们怕肖道成及肖赜子孙夺权，便进行大肆屠杀。在齐宗室互相残杀中，肖道成的族弟肖衍在襄阳起兵，攻进建康，称帝，建立梁朝。

齐与吐谷浑建交

齐建元元年（479），齐封吐谷浑王拾寅为骠骑大将军，拾寅派遣使者到齐朝贡。吐谷浑本为辽东鲜卑恭容奕洛干之庶长子。奕洛干卒，吐谷浑避嫡子廆洛干，于魏晋之际，西徙阴山。西晋之末，西移到陇南（今青海北部、

新疆东南部地区）。传至叶延时，定以吐谷浑为姓，遂有"吐谷浑"之国名。在刘宋时，以其在河南，封为河南王，故又号"河南国"。刘宋末年，吐谷浑王拾寅对北魏颇为不礼，魏攻打吐谷浑，拾寅被打败，不得已向魏称臣纳贡。自从北魏占据中原，江南与漠北、西域交通，均由益州北经河南西出鄯善迂回进行。吐谷浑居于河南，成为江南政权笼络的对象。刘宋时与吐谷浑关系甚为密切。齐建国之初，北魏已有南侵之意，齐也急于联络柔然共同对付北魏。吐谷浑派使者来后，齐以王世武为使者，经吐谷浑前往柔然商量抗魏事宜。自此，吐谷浑、柔然与齐交通不绝。

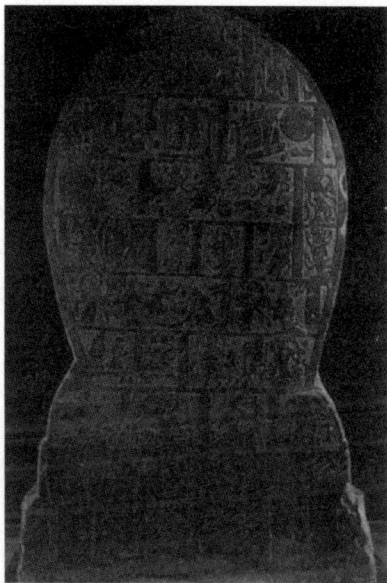

北魏皇兴造像（碑阴）

道教捏造老子化胡

佛教传入中国之初，一度被视为黄老神仙术的一种，佛教也自附于黄帝、老子，以图与中国传统信仰相结合，得以传播。"老子入夷狄为浮屠"之说起于东汉后期，借化胡成佛之说宣传佛道同源论或老子转生论。汉末三国时，化胡说广泛流行，一时间社会舆论纷纷不断。当时佛教在中国已有一定影响，佛教理论著作《牟子理惑论》中开始出现了反对化胡说，甚至认为道不如佛，于是中国历史上开始出现佛道之争。

两晋南北朝时期，佛道二教都有了很大发展。晋惠帝时，天师道祭酒王浮在与僧人帛远争论的过程中，为抬高道教，贬抑佛教，根据东汉以来种种老子化胡传说，造《老子化胡传》，谓老子西出阳关，经西域至天竺，化身为佛，教化胡人，因此产生佛教。南北朝时，道教徒均据此与佛教互相争长短，南朝宋泰始三年（467）道士顾欢作《夷夏论》，认为佛教是夷狄之教传入中夏，此说影响极大。为此，僧绍作《正二教论》，谢镇作《与顾道士析夷夏论》，朱昭作《难顾道士夷夏论》、慧通作《驳顾道士夷夏论》等，展开了所谓"夷夏之争"，影响所及，上至朝臣奏民，下至世俗论者，皆时有论争。北魏孝明帝时，昙无最还曾与道士姜斌在殿庭中辩论《老子化胡经》真伪，最后姜斌被崇信佛法的孝明帝发配马邑。

隋唐时，化胡之争仍在进行。元代佛道争论迭起，化胡之说成为争论重点，宪宗、世祖二朝，僧道多次辩论《老子化胡经》真伪，世祖至元十八年（1281），诏令除《道德经》外，其余道书尽行烧毁，《老子化胡经》首在焚毁之列，由此亡佚。

陆修静整顿南天师道

魏晋以后，五斗米道在南方的活动处于混乱状态，陆修静对南天师道做了宗教改革。陆修静（406～477），字元德，出身于南朝士族。后来入山修道，抛弃妻子和孩子。在京师卖药时，得到宋文帝召见。他为文帝讲论道法，深得文帝欢心。宋明帝时组织了一次儒释道三家辩论，陆修静以渊博的知识，清晰的思路，简约的文辞，解纷挫锐，大张道教声威。他一生"祖述三张，弘衍二葛"，对道教各派都有继承和发展。

南朝青釉刻花莲瓣纹六击盘口壶

陆修静对南天师道的宗教改革包括以下几方面：首先，他整顿组织系统，健全"三会日"制度。"三会日"指正月初七，七月初七和十月初七，每年到这三天，规定凡教民"各投集本治师"。"治"是五斗米道的基层组织，陆修静对此重新加以调整，把天下分二十四治，相当于基督教的教区，教民逢会日要去教区参加活动，申报家庭人口，并听道官宣布科律。会日制度成了联系道教组织和教民的桥梁，使宗教活动正规化，制度化。

南朝青釉双耳盘口壶

第二，整顿名籍，加强"宅录"制度。"宅录"相当于教民的户籍册。入教时，教民要将全家人口登录入册。以后凡有死生增减都得向本治师报告改录。

第三，禁止道官自行署职，健全道官晋升制度，巩固教内等级制。陆修静建立了"依功受箓，按级晋升"的组织制度。平民百姓为道教做三件好事，称为"三勤"，三勤为一功，三功为一德，三德之后便可以署箓，正始入教。以后从"十将军箓"，逐次升为"散气道士"、"游治"、"下治"、"配治"，再由天师子孙保举可封为下、中、上"八职"。得"上八职"以后，再加以修炼，便可担任道教中最高的"阴平、鹿堂、鹤鸣"三职了。

陆修静对南天师道进行了整顿，并且创立了灵宝之后，分类整理了道教经典。对道教各派的发展产生重大影响，受到了后世道教的普遍尊重。天师道尊称他为"陆天师"，上清派尊称他为第七代宗师，灵宝派把他视为始祖之一。

唐寓之起义

刘宋以来，为了逃避战争和过重的租调，农户不报或虚报户口的很多。齐高帝时，设置校籍官清查户籍。有问题的民户，都被剔除，称为"却籍"，全家一律发配充军。校籍官借此诈取钱财，"应却的不却，不须却而却"。北来的侨民，无钱行贿，多被"却籍"。如此连年不已，民众怨愁不安。

齐永明三年（485）十二月，富阳（今浙江富阳）人唐寓之为反对清查户籍，率400人起义，攻克富阳，三吴（吴郡、吴兴、会稽）却籍者，纷纷归附，集众至3万。次年正月，唐寓之攻克钱塘，自称皇帝，国号吴。建元兴平，立太子，设百官。然后又攻占盐官、诸暨、余杭。又遣将高道度攻克东阳（今浙江金华、东阳、义乌一带），杀太守肖崇之。遣孙泓攻山阴（今浙江绍兴），至浦阳江（今浙江曹娥江），被齐浃口戍主汤休武击败。时朝廷又派禁兵数千，马数百匹，东击唐寓之。官军至钱塘，起义军步兵不敌骑兵，一战而溃，唐寓之被擒斩，起义失败。

江敩移床远客

门阀士族自魏晋之际形成后，到东晋南朝时达到极盛，形成典型的门阀政治。士族地主拥有特权，"清华贵重"的官职，几乎全被高门士族所垄断。士族宣扬"士庶天隔"，与庶族保持严格界限，以竭力维护自己的特殊社会地位。

齐永明七年（489）十二月，侍中江敩为都官尚书。中书舍人纪僧真得齐王宠信，容表有士风，向齐武帝请求作士大夫（即升为士族），武帝说："此事由江敩、谢瀹作主，我不得任意为之，你可亲自见他。"纪僧真奉旨去见江敩，登榻坐定，江敩对左右下人说："移吾床（即有靠背的椅）远客！"纪僧真丧气地退出来，告知齐主："士大夫原来不是天子所任命的！"江敩，即江湛之孙，谢瀹，即谢胜之弟，史称"二家以名义自恃，至于甄别流品，虽万乘之主不可得而夺"。

陆探微影响南齐画风

　　陆探微是南朝宋齐年间著名画家，吴（今江苏苏州）人，约卒于485年。他的画风对南齐画坛产生过一定影响。

　　陆探微擅长画人物肖像、飞禽走兽、佛教图象等。宋明帝时曾任侍从，为明帝和宫廷贵族、功臣名士画像。他师承顾恺之，画风细腻，线条笔迹周密，变顾恺之的高古游丝描为笔迹劲利细致的线描，并参考气脉通连的草书，创造了他独有的风格。他还受东汉书法家张芝一笔书的启示，创造出线条笔划连绵不断的一笔画。另外，他还创造了一种被称为"秀骨清像"的造型风格，即在塑造人物形象时，于眉清目秀中显出神采生动、自然洒脱、和蔼可亲的神韵，这是对崇尚玄学、重清谈的六朝名士形象的生动概括，具有时代特征，和顾恺之并称为"顾陆"，名噪一时。

　　陆探微作品很多，唐代甘露寺壁保存了他的画迹，隋代多他的时人肖像传摹本，其中有类似《女史箴图》的《服乘箴图》。张彦远《历代名画记》

南朝战马画像砖。马僮修长清瘦，神态飘逸；马匹的造型亦一改汉代的雄壮而显得瘦削洒脱。画砖为模制，由于作者注意了人物与马的前后交叠以及马体的结构起伏，具有立体效果。砖面涂彩，两位马僮脸赤红色。前马黑色罩以白甲，马背上部喇叭状物为粉绿色，后马为紫红色。

著录中有帝王、功臣、名士、道释人物像 70 余件，今已失传。善桥南朝墓砖画多为南齐所作，自宋入齐的陆探微对南齐画风影响极大，《竹林七贤与荣启期》反映了高超的造诣，八人虽皆取坐姿，并同属"秀骨清像"，但气质神情互不相同，绵密紧劲的运笔体现了陆探微的画风。与顾恺之的作品相比，也许在人物内心刻划上略有不足，但画法无疑是一脉相承的，而且大有由精转密的特点。此画与墓中其他砖画一起，描绘出一个丰富的艺术世界，造型无不生动准确，线条无不繁密流行，在内容与形式的完美统一中达到了历代文献中称述的陆探微时代的水平。

范缜著《神灭论》

齐永明七年（489），范缜著《神灭论》，提出形灭神灭的观点，引起全国轰动。

范缜（450～515），字子真，南阳舞阳（今河南泌阳县西北）人。自小家贫而孤，他刻苦学习，精通经术，尤其精研三礼，曾任县主簿、太守，后来累官至尚书殿中郎。他性格刚直，素来不信鬼神，反对迷信，在任宜都太守时，下令禁止当地人民祭祀神庙。在南齐武帝永明七年（489）和丞相肖子良论证"因果报应"问题后，开始著述《神灭论》。这本书继承了我国古代唯物主义思想家反对鬼神迷信的优良传统，坚持朴素唯物主义和无神论观点。

范缜在《神灭论》中，首先以朴素唯物主义的形神一元论作为自己"神灭"论的出发点，提出"形神相即"的思想理论，他说明了形和神的关系是统一而不可分的，人的精神不能离开人的形体而单独存在。形体是基础，精神的"生"和"灭"取决于形体的生存和死亡，所以他说"形存则神存，形谢则神灭"。

为了论证"形神相即"，形体与精神名称不同而实际是一体的观念，范缜继而提出"形质神用"的观点。"质"是物质实体，"用"指作用，他说形是神赖以产生的实体，是第一性的，神只是形体派生出来的作用，是第二性的，二者不可分割。范缜深刻地阐明了人的形体与精神关系的特点，把形神看作是一个统一体的两个方面。

范缜扬弃了桓谭、王充用薪火关系比喻形神关系的不够确切的说法，提出以刀的"刃"和"利"的关系比喻形与神的关系。他说没有刀刃的存在就

南朝出行画家砖

没有锋利可用，人的形体死亡，精神作用也就不复存在。围绕"形神相即"这一主旨，范缜进一步阐述"形质神用"的观点，批驳了"神不灭"论者的"形神相异"的谬误。

　　范缜从形神一元论出发，进一步指出精神现象只是人体的感觉器官和思维器官的作用。人们的看东西、听声音要靠眼睛和耳朵这两种器官，要进行判断是非则要靠主管思维的器官"心"。人的精神作用可分为"知"和"虑"两个阶段，感性上的"痛痒之知"的认识作用较浮浅，理性上的"是非之虑"则比较深刻。人们通过眼、耳、手等感官接触，再以"心"思考和判断，就可以明辨是非，人的认识都是来源于感官对外物的反映的。这就驳斥了佛教宣扬的"神不灭"论以及佛教"般若"空宗所说的人的内心有神秘先验的认识能力的唯心主义观点。这也正是范缜形神观高于前人之处，这说明范缜的"形

神相即"的唯物主义形神一元论思想已经达到了古代朴素唯物主义所能达到
的最高水平。

范缜在解释社会现象时，不可避免地带有古代唯物主义的局限性。他误
认为"心"是思维的器官，认为"圣人"和一般人有不同的智慧和道德是因
为他们的体质构成不相同，他对传统儒家经典中提到的鬼神不敢公开怀疑，
在反对"神不灭"论时，又承认神道设教的社会作用。这些反映了范缜思想
中的矛盾性和局限性。

范缜的《神灭论》是继王充的《论衡》以后，我国又一部具有重大历史
意义的唯物主义哲学论著。范缜继承了我国古代唯物主义思想家反对鬼神迷
信的优良传统，尤其是继承了荀子、桓潭、王充以及当时反佛斗争的先驱者
何承天等人的朴素唯物主义和无神论思想，以《神灭论》针对佛教展开批判，
从而把反佛斗争推向一个高潮。范缜一生对佛教神学迷信作了坚决而勇敢的
斗争，是我国历史上生出的战斗无神论者和唯物主义者。

沈约著成《宋书》

齐永明六年（488），沈约撰《宋书》
纪、传成，并上奏朝廷。

《宋书》是记述南朝刘宋一代史事
的纪传体史书。共100卷，包括本纪10
卷、列传60卷、志30卷。南朝梁沈约撰。
原书传至北宋时个别传文有散失，少数
列传是后人取唐高峻《小史》、《南史》
等补足卷数。记事起自东晋安帝义熙元年
（405），终于宋顺帝升明三年（479）。

沈约（441～513），字休文。南朝
梁吴兴武康（今浙江德清西）人。出身江
南大族。历仕宋、齐、梁三朝，自称"少
好百家之言，身为四代之史"。宋时官至
尚书度支郎。齐时历任著作郎、中书郎、

北朝马洛子石造像

国子祭酒、南清河太守等。梁时历仕侍中、扬州大中正、尚书令等。20余岁时即开始撰述《晋书》，历时20余年而成。齐永明五年（487）奉命撰《宋书》。

《宋书》以资料繁富著称，除记事外，还大量收录了当时的诏令、奏议、书札、文章等各种文献，虽嫌冗长繁杂，但却保存了许多原始史料。其八志内容，上溯三代秦汉，而尤详于魏晋，可补《三国志》等前史的缺漏。州郡志详细记述了南方地区自三国以来的历史沿革，以及东晋以来侨置州郡分布情况和各州郡户籍数，律历志收录《景初历》、《元嘉历》和《大明历》的全文，礼志把郊祀天地、祭祖、朝会、舆服等合在一起，乐志收录了许多汉魏乐府诗篇，都反映了当时社会、政治、经济、文化、科技的实际情况。但《宋书》门类不全，缺食货、艺文等志，又因作者历仕宋、齐、梁三代，对于改朝换代的政治现象也多有曲饰不实之处。

齐置新律颁行天下

东晋以来，一直沿用西晋张斐、杜预二家所定《律注》。《律注》共30卷，注文十分简略，有时一章之中，两家所注，生杀互异，所用200余年，狱吏借此为奸，为害颇大。

齐武帝肖赜素好刑法，熟知旧注之弊，即位之初，便设置尚书删定郎，令王植担任，主持详正旧注的工作。王植取张斐注的731条，杜预注的791条。二家可以互补的107条，完全相同的103条，共1732条，集为一书，共20卷，于永明七年（489）奏上齐武帝。齐武帝令公卿、尚书等官参议考正，由竟陵王肖子良主持其事。众人之议不能统一者，制旨平决。永明九年（491）新定《律注》获得通过，颁行天下。廷尉孔稚圭请置"律助教"，使国子生学习《律注》，武帝采纳。

王肃入魏

王肃（464 ~ 501），字恭懿，东晋丞相琅琊王导之后。琅琊王氏世通典章制度，号"王氏青箱学"。王肃少聪颖，亦涉猎经史，爱好文物。在齐官为秘书丞。父为雍州刺史王奂。

北魏平城（今山西大同）出土的"传祚无穷"瓦当

炳灵寺一佛二菩萨像

齐永明十一年（493）二月，王奂憎恶宁蛮长史刘兴祖，于是捕刘兴祖入狱，诬其煽动山蛮造反。齐帝令送刘兴祖到建康，王奂于狱中杀刘兴祖，诈称其自杀。齐帝大怒，派吕文显、曹道刚带禁军500人抓王奂，并令镇西司马曹虎从江陵陆路汇攻襄阳（雍州治所），王奂之子王彪出城与曹虎厮杀，大败而归。三月，司马黄瑶起、宁蛮长史裴叔业于城内起兵，攻杀王奂，王彪及其弟王爽、王弼等皆被杀。王彪之兄王融、王琛也于建康被杀。王肃当时也在建康，闻讯悲愤，遂投奔北魏。北魏太和十七年（493）十月，魏孝文帝拓跋宏巡游至邺城，听说

王肃来降，十分高兴，连夜召见。因此时孝文帝正为营建洛阳、改革制度等事焦急。于是，王肃向孝文帝献平肖齐及建文物制度等策。孝文帝与王肃谈得十分投机，君臣相见恨晚，孝文帝对王肃有如刘备之对孔明。不久便任命王肃为辅国将军，大将军长史。

此后，王肃帮助北魏建礼仪、职官等制度，为拓跋氏政权的汉化作出极大贡献。并多次引魏兵攻齐。王肃在北魏官至尚书令，封昌国县开国侯。

肖鸾杀帝自立

肖鸾为齐高帝肖道成次兄肖道生之子，为齐高帝及齐武帝所器重。性俭朴，车服仪从，与一般人相同。

齐永明十一年（493）七月，齐武帝卒，齐太孙肖昭业即位，改元隆昌。齐武帝遗诏让次子竟陵王肖子良与从弟西昌侯肖鸾共同辅政，肖鸾开始掌握齐大权。肖昭业深忌长叔肖子良，唯恐其夺自己帝位，对从祖肖鸾却十分放心。肖子良较仁厚，对权力毫无兴趣，知自己被怀疑，忧惧顿生，溘然而逝。肖鸾久有废立之心，如今肖子良已死，肖鸾为尚书令，独辅大政，一人之下，万人之上，更加无所顾忌。加上有肖衍为参谋，左仆射王晏、后军将军领殿内事肖谌、射声较尉肖坦之、丹阳尹徐孝嗣为羽翼，废立之事甚有把握。于是，肖鸾开始准备废立之事。首先除掉肖昭业的党徒。

齐帝肖昭业奢侈无度，终日与左右游市，以掷泥、赌跳为戏，赏赐左右动达百万、数十万。又宠信綦母珍之、朱隆之、曹道刚、周奉叔及宦官徐龙驹等。肖鸾之羽翼肖谌、肖坦之原为齐帝的心腹，后见齐帝狂纵，恐祸及自己，乃改附肖鸾，暗中为肖鸾耳目。肖鸾乃先后设计，加上肖谌、肖坦之暗中帮助，先后杀宦官徐龙驹、直阁将军周奉叔、中书舍人綦母珍之等。然后加固自己的权力，于隆昌元年四月，肖鸾即镇军将军号。齐帝觉察肖鸾有异谋，与中书令何胤密谋诛杀肖鸾，以何胤代肖鸾辅助，何胤不敢当。齐帝又想把肖鸾贬出西州，于是肖鸾找到借口，于隆昌元年（494）七月，入宫杀齐帝肖昭业，并假太后令，废为郁林王。并迎郁林王肖昭业之弟——15岁之新安王肖昭文即皇帝位，改元延兴。肖鸾升为骠骑大将军，录尚书事、扬州刺史、宣城郡公。

肖鸾废郁林王后，权势愈重，众人皆知肖鸾有不臣之心。有人劝鄱阳王肖锵入宫发兵辅政，肖锵担心事不成功，犹豫不决，后计划泄露，被肖鸾派兵所杀。江州刺史晋安王肖子懋听说肖锵被杀，乃起兵讨肖鸾。肖鸾派王玄邈、裴叔业迎击，杀肖子懋。又派王广之突袭兖州刺史安陆王肖子敬。裴叔业又进兵湘州，杀南平王肖锐，进而又杀郢州刺史晋熙王肖铼、南豫州刺史宜都王肖铿。不久又杀桂阳王肖铄、衡阳王肖钧、江夏王肖锋、建安王肖子真、巴陵王肖子伦。至此，齐高帝肖道成的子孙多被肖鸾所杀，肖鸾篡夺帝位之障碍终于被扫除。延兴元年（494）十月，肖鸾进位为太傅、领大将军、扬州牧、都督中外诸军事，并加殊礼，进爵为王。

延兴元年十月十日，肖鸾又假太后令，降齐帝昭文为海陵王，不久将其害死。于是肖鸾即皇帝位，是为齐高宗明皇帝，改元建武。十一月，立皇子肖室卷为太子。

齐魏大战

魏孝文帝时，齐魏经常爆发战争，边境动乱不安。

北魏太和十八年（494），孝文帝因齐肖鸾废海陵王而自立，于是大举发兵攻齐。孝文帝命卢渊与城阳王鸾、李佐一同攻打赭阳，齐将成公期闭城拒之。

齐建武二年（495）正月，齐遣镇南将军王广之督司州、右卫将军肖坦之督徐州以拒魏。魏将拓跋衍攻钟离（今安徽凤阳县东北），齐徐州刺史肖惠休凭城据守，并趁机袭击魏军，大败之。魏将刘昶、王肃攻义阳（今河南信阳北），齐司州刺史肖诞拒之。魏兵几次败齐军，招降万余人。

齐建武二年二月，魏以宋、齐降将刘昶、王肃帅众20万，进攻齐之义阳，城中皆持盾自卫。齐将王广之带兵救义阳，到距义阳城百余里时，因怕魏军张盛，不敢前去救援。黄门侍郎肖衍请求前往救援，王广之分一部分精兵给肖衍。肖衍从小道乘夜兼行，与肖涞等直上贤首山，离魏军数里。魏军因不知齐兵有多少，因此不敢逼近。到天亮时，义阳城中齐军见援军已到，于是出城攻魏，并顺风纵火烧魏营垒。肖衍等军从外面进攻，形成内外夹攻之势。魏军坚持不住，解义阳围撤退。又齐兵张冲攻占魏建陵、驿马、厚丘3城。齐将杜僧护克魏虎阮、冯时、即丘3城。王洪范袭击魏纪城，也攻占之。

魏太和十九年（495）三月，魏军久攻钟离（今安徽凤阳县东北）不下，

兵士死亡甚多。孝文帝移兵到邵阳（今安徽凤阳县东北），钟离之围遂解。孝文帝到邵阳后，在淮水旁夹筑二城，齐将裴叔业向二城进攻，并攻克之。孝文帝又欲于淮水之南筑城屯兵，以安抚新附之民。魏将高闾以为孤军深入，难以自守，加上供应艰难，难以救援，不宜设城置戍。孝文帝采纳他的建议。于是魏军渡淮水回师，但仍有五将未渡，被齐兵据水中陆切断了归路。孝文帝派代人奚康生扎筏积柴，趁风纵火，烧齐船舰，齐兵溃退。魏孝文帝又派前将军杨播断后。当时正逢春天，江水猛长，齐军大至，战舰布满淮水。杨播结阵于淮水南岸，孝文帝驻北岸，因水大不能救。当淮水稍退时，杨播率军强渡淮水，得以归还。齐军大胜。

魏太和十九年（495）四月，当孝文帝攻钟离时，仇池（今甘肃成县西北洛谷镇）镇都大将、魏梁州刺史拓跋英请求与刘藻合兵攻齐汉中，孝文帝同意。齐梁州刺史肖懿派部将梁季群、尹绍祖等率兵2万迎战。魏军大败齐军，并活捉梁季群，并围攻南郡（今陕西南郡）。拓跋英禁止将士侵掠百姓，于是远近归附。时魏左仆射李冲上言魏孝文帝，以为秦川之地虽险，但鞭长不及，加上地接羌、夷，用兵之后，难以救援，而且北面之柔然，以及南面之齐国均未顺服，所以不宜置兵汉中。孝文帝听从李冲之言，诏拓跋英撤兵。拓跋英以老弱先行，精锐之兵断后，又败齐兵。沿途羌人阻击，拓跋英率兵奋战在前，并得以率领全军回到仇池。

魏太和十九年四月，魏阳城王鸾等攻齐赭阳，围城百余日，诸将都以为应该只围不攻，令其自疲，只有李佐昼夜攻城，士卒死亡甚众。齐帝派垣历生率兵救赭阳。魏众战皆以为寡不敌众，准备撤退，只有李佐率骑兵二千迎战，大败而归。齐南阳太守房伯玉又在沙堨（今河南南阳市西白河上）大败魏将薛真度。

魏败齐

北魏太和二十一年（497）八月，孝文帝率兵20万出洛阳，南攻襄阳。九月，又带兵到宛（今河南南阳），攻克宛城外城。齐南阳太守房伯玉据内城坚守。十月，孝文帝攻宛不克，乃留太尉元禧继续进攻，自己率兵攻新野。齐新野太守刘思忌据守，魏军攻之不克，乃围困之，并派人到城中劝降，刘思忌拒降。

当时魏右军府长史韩显宗屯军赭阳（今河南方城县东北），齐成公期遣胡松带兵攻其营，韩显宗力战大败齐兵。

建武四年（497）十一月，齐皇帝乃令徐州刺史裴叔业改攻虹城（今安徽五河县西），抓获4000多人。齐又派太子中庶子肖衍、右军司马张稷救雍州。前军将军韩秀方等15位将领降魏。魏又在沔北打败齐兵，俘虏将军王伏保等。将军王昙纷率万余人攻魏青州黄郭戍，魏守军崔僧渊反攻，全灭齐军。将军鲁康祚、赵公政率兵万人侵魏太仓口，魏豫州刺史王肃派长史付永带兵3000人，用计打败齐兵。之后，付永又败裴叔业。齐攻魏的几路兵马，都以失败告终。

永元元年（499）三月，齐太尉陈显达率军4万人攻魏。魏派元英拒之。陈显达打败元英，攻占马圈城（今河南镇平县南）。陈显达又派兵攻占南乡（今河南浙川）。孝文帝乃亲自出征，三月二十一日到马圈，命荆州刺史广阳王嘉断均口（今湖北均县丹江入汉江之口）以绝齐兵归路。陈显达带兵渡均水西，据山筑城，军心涣散，士无斗志，与魏交战，屡败。魏武卫将军元嵩脱甲冲阵，将士大受鼓舞，争相向前，于是齐军大败。陈显达南逃。魏收齐兵军资数以亿计，赏赐将士，追至汉水而还。

沈约改革诗歌形式新体诗出现

沈约（441～513），字休文，吴兴武康（今浙江吴兴）人，南朝著名文学家。历仕宋、齐、梁三朝，是竟陵王门下"竟陵八友"之一。沈约是梁朝公认的文坛领袖，他不仅是有成就的诗文作家，首创了讲求声律的"永明体"，而且是学识渊博的学者，所著的《宋书》是流传至今的"二十四史"之一。

沈约改革诗歌形式主要是在格律方面。齐武帝永明（483～493）年间，周颙等人发现了汉字有平、上、去、入四声。沈约在同时代人周颙的发现之上，根据四声和双声叠韵研究了声、韵、调在诗句中的配合，归纳出"四声八病"的新的诗歌声律论。"四声说"是要求在诗中间隔运用高低轻重不同的字音以求得音节的错综谐和，原则是"欲使宫羽相变，低昂互节，若前有浮声，则后须切响；一简之内，音韵尽殊，两句之中，轻重悉异"。力求使五言诗歌"五言之中，音韵悉异。两句之内，角徵不同"。沈约还归纳了八种声韵相犯的毛病：平头、上尾、蜂腰、鹤膝、大韵、小韵、旁纽、正纽共"八病"。

　　沈约所归纳的诗歌声律与晋宋以后诗歌讲求对偶的形式相配合，就形成了具有格律的新体诗，称作"永明体"。新体诗是古典诗歌从比较自由的"古体"逐渐走向格律严整的"近体"的一个重要过渡阶段。

　　沈约还身体力行推动诗歌形式的改革。他的诗作除郊庙乐章外，存140余篇，多属拟古的乐府和侍宴应制之作，内容较为贫乏，但都平稳工整。他的作品中最突出的是为数不多的吟咏山水景物和离别哀伤的诗。《早发定山》《新安江至清浅深见底贻京邑游好》《石塘濑听猿》《宿东园》是山水诗中的优秀作品；《别范安成》写离别之情，令人耳目一新；《怀旧诗》感情深沉真挚，堪比杜甫；《八咏诗》体裁新颖，介于诗赋间，情韵兼备，时号绝唱。这些诗不但诗意清新隽永，而且形式上极力讲究音律的协调谐和。他的《咏芙蓉》："微风摇紫叶，轻露佛朱房。中池所以绿，待我泛红光。"音调全协。他的写景诗《早发定山》："标峰彩虹外，置岭白云间。倾壁忽斜竖，绝顶复孤圆。归海流漫漫，出浦水浅浅。野棠开未落，山樱发欲燃。"不但声律协调，而且配合了工整的偶句，显示出讲求声律与对偶配合的新体诗的特征。

　　沈约对诗歌格律的倡导，促进了新体诗的发展和成熟，为后来讲究格律的"宫体诗"的出现，以及唐宋时格律严整的近体诗的成熟和鼎盛，打下了基础，开创了律诗发展的新时代。

　　沈约著述甚多，有诏诰、赋、论、碑、铭等，共100卷。

大科学家祖冲之推算圆周率

　　齐永元二年（500），祖冲之卒。

　　祖冲之（409～500），中国历史上一位伟大的科学家，在数学、天文历法、机械制造等方面都有突出的成就。他生活于南朝宋、齐间，祖籍范阳郡遒县（今河北涞源县），由于战乱，先世由河北迁往江南。祖冲之在青年时代进入专门研究学术的华林学省，从事学术活动。曾先后在刘宋朝和南齐朝担任过南徐州（今镇江市）从事史、公府参军、娄县（今昆山县东北）令、偈者仆射、长水校尉等官职。

　　祖冲之是一位博学多才的科学家。在天文历法方面，他创制了《大明历》，

祖冲之儿子祖暅在开立圆术中设计的立体模型

最早把岁差引进历法，并采用 391 年加 144 个闰月的精密的新闻周，这些都是中国古代历法的重大进步。在机械制造方面，他曾设计制造过水碓磨，铜制机件转动的指南车、一天能行百里的"千里船"，以及一些陆上运输工具。他还设计制造过计时器——漏壶和巧妙的欹器。不过，祖冲之对后世影响最大的科学成就则是关于圆周率的推算。

　　在圆周率的计算上，我国很早就采用周三径一的方法，但得出的数字不准确。西汉末年的刘歆、东汉的张衡、三国孙吴的王蕃，都曾算出圆周率的数据，比周三径一较细致一些，但还不够。曹魏末年的刘徽不仅注过《九章算术》，而且他的割圆术计算圆周率奠定了可靠的科学基础。刘徽用圆内接正多边形的各边之和，来逐渐接近圆周的长度。他从圆内接正六边形开始，计算内接正十二边形、正二十四边形等一直计算到圆内接正一百九十二边形。假定圆半径为一尺，得圆内接正一百九十二边形的面积是在 $314 \frac{64}{625}$ 方寸和 $314 \frac{169}{625}$

方寸之间。他由此确定圆周率值为 3.14，后世称为"徽率"。刘徽认为还可以用这个办法继续推算，直到与圆周合体，便确切无疑了。

刘徽的方法无疑启发了祖冲之。在前人的基础上，他进一步算出更精确的圆周率数据。《隋书·律历志》记载了这一计算成果："祖冲之更开密法，以圆径一亿为一丈，圆周盈数

《隋书·律历志》关于祖冲之圆周率的记载

三丈一尺四分五厘九毫二秒七忽，朒数三丈一尺四寸一分五厘九毫二秒六忽，正数在盈朒二限之间。密率圆径一百一十三，圆周三百五十五；约率圆径七，周二十二。"由此可见，祖冲之得出的圆周率，其盈数为 3.1415927，不足数为 3.1415926，亦即兀的数字，小于盈数而大于朒数。同时，祖冲之还确定了兀的两个分数值，其约率为：兀 $= ^{22}/_7$。密率为：兀 $= ^{355}/_{113}$。祖冲之计算圆周率准确到小数点后第六位，这是当时世界上最先进的成就，直到 15 世纪，阿拉伯数学家卡西和 16 世纪法国数学家 F．韦达才得到更精确的结果。祖冲之所确定的两个分数形式的兀值，也是直到 16 世纪才被德国人 V．奥托和荷兰人 A．安托尼斯重新发现。就分子分母不超过百位数的分数而言，密率 $^{355}/_{113}$ 是圆周率值的最佳近似分数，因而是当时的最高成就。为了纪念他的贡献，人们把密率称为"祖率"。

祖冲之在数学方面的成就还体现为他与儿子祖暅共同探究的关于球体积的计算方法以及《缀术》一书的著述，后者在唐代被列为重要教科书，学生需研习四年。可惜此书已失传。

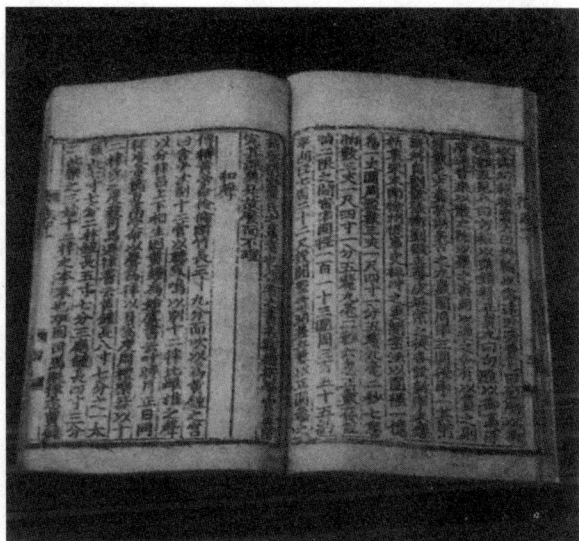

云冈石窟第七窟后室南壁门拱上部伎乐天

江南清商乐成为音乐主流

汉代兴起并盛行的相和诸曲，到了魏晋南北朝时期与当时民间俗乐相结合，衍变成一种新的音乐品种，叫做清商乐，又名清商曲。

作为清商乐重要组成部分之一的吴声原是建康（今江苏南京）一带的民间歌讴，现存魏晋南北朝时期的吴歌歌辞约有330首，大都为晋宋时所作，多是五言四句体式，载于《宋书·乐志》《乐府诗集》等书，有《子夜歌》《华山畿》《欢闻歌》《阿子歌》《前溪》等十几曲，内容多半从女性角度叙述爱情的欢乐，相思的痛苦或所嫁非人的苦闷。吴歌中有一独具特色的分支——神弦歌，是用来祭祀神灵的，共十一曲。

西曲产生于荆、郢、樊、邓地区（今湖北），现存当时西曲歌辞约140首，大都产生并流行于南朝宋、齐、梁三代，多为五言四句体式，另有少数七言、四言，也载于前列诸书，有《三洲歌》《采桑度》《那呵滩》《石城乐》《莫愁乐》《乌夜啼》等三十多曲，内容大都写商人思妇的离愁别恨，有的也表露了船民的痛苦与不满。

吴声、西曲一般分为歌曲与舞曲两类。吴声西曲在表演时又有"和"与"送"

云冈石窟第七窟后室南壁门拱上部会乐天

的部分，类似于今天的衬腔帮腔，可以使歌曲音乐结构更为完整，活跃气氛。吴声的伴奏乐器早期为篪、箜篌、琵琶，后来又添笙、筝；西曲伴奏不用弦乐器，只用吹管乐器及打击乐器如铃、鼓等。

裴叔业降魏南北战端再启

　　齐永元二年（500）正月，齐豫州刺史裴叔业投降北魏，齐下诏讨伐，导致南北战争。

　　齐东昏侯肖宝卷当政，奉行其父明帝肖鸾"非事不可在人后"的教导，无故诛杀大臣，朝野均感恐惧。裴叔业时任豫州刺史，镇守寿阳（今安徽寿县），虽远离建康，亦心有不安。及将调南衮州刺史，要南到广陵（今江苏扬州）驻防，更为忧郁，遂有投奔北魏之意。肖宝卷已疑叔业有异志，叔业之侄植、粲等自建康奔寿阳，说朝廷必将掩袭寿阳。叔业大恐，急派其子芬之等奉表降附北魏。本月7日，北魏派骠骑大将军彭城王元勰、车骑将军王肃率步骑10万南下接应。本月30日，肖宝卷下诏讨伐裴叔业。次月16日，齐以肖衍之兄卫尉肖懿为豫州刺史，与交州刺史李叔献等率大军北上。29日，裴叔业病死，

短命王朝

北魏石棺线刻孝子图。石棺两帮均刻孝子故事，每帮三则，共六则，皆有榜题。孝子故事题材盛行于汉代，至魏晋南北朝仍在继续。人物禽畜纯用线描，但勾勒简当，比例准确，姿态传神，且善于体现一定的空间感、体积感、质量感，已具有较高写实能力。山水木石夸张变形，富于装饰趣味，从而与人物相映衬，取得了完美的艺术效果。其刻制方法，据研究，似是在磨光的石棺上，依画稿过墨，然后在物像空隙减地，以突出物像。而后，在物像上以阴线刻划，做较细致的描写。因此，画面以笔法状物传情的特点十分明显，虽为石刻，却反映了北魏时代高超的绘画水平。

部下拥裴植为主。裴植开城门纳北魏先遣部队数千人，共同守城。3月15日，齐又派平西将军崔慧景率水军北上。肖懿率军3万屯小岘，部下胡松等率万人屯死虎。骠骑司马陈伯之率军屯硖石。李叔献屯合肥。27日，元勰、王肃率大军至，大破胡松、陈伯之等军。继攻合肥，又生擒李叔献。这时，崔慧景在广陵倒戈，回师围攻建康。肖懿闻讯，顾不得北方战局，撤军讨伐崔慧景。王肃见齐撤军，自己也班师回洛阳。南北战争暂停。

崔慧景旋败，江南暂无内忧，陈伯之欲报硖石战败之恨，率大军再攻寿阳。北魏汝阴太守付永闻讯，率郡兵3000偷渡淮水，于寿阳城外安营。八月十八日，元勰、付永联军，大破齐兵于肥口，齐淮南之地尽为北魏所有。南北战争遂告结束。

谢朓发展山水诗

东昏侯永元元年（499），始安王肖遥光谋夺帝位，山水诗人谢朓蒙受诬陷，下狱而死。

　　谢朓（464～499）字玄晖，陈郡阳夏（今河南太康）人，是南朝齐著名诗人，他既是南朝永明体诗人中成就最高者，又使山水诗摆脱玄学影响，极大地推动了山水诗发展。谢朓出生显贵，少年好学，为南齐藩王所重，仕途顺畅，曾任太尉豫章王萧嶷行参军、王俭卫军东阁祭酒、荆州刺史、尚书殿中郎、宣城太守、尚书吏部郎等职。

　　谢朓很早就以文学驰名，曾参与竟陵王肖子良西邸的文学活动，是"竟陵八友"之中文学成就最高的一位，但这一时期他创作的诗歌题材较狭窄，除游宴应酬外，只有一些咏物诗略有寄托，或有一些模拟汉魏民歌的作品，具有一定生活气息。赴荆州后，他的诗歌创作有了新的开拓，特别是经历一些政治风波，出任宣城太守后他的创作取得了新成就，创作了大量山水诗。

　　发展山水诗是谢朓创作的主要成就，晋宋以来，山水文学产生，但受玄言诗影响较大，谢朓的同族、著名诗人谢灵运的山水诗就带有较多玄理，二人世称"二谢"，谢灵运为大谢，谢朓为小谢。谢朓学习谢灵运细致逼真的手法，又摆脱了玄言诗的深奥繁芜，又将永明声律自然揉合，显示出清丽细密的风格，推动了山水诗的发展。他的写景名句很多，如"江路西南永，归流东北鹜。天际识归舟，云中辨江树。"（《之宣城郡出新浦向板桥》）；"余霞散成绮，澄江静如练。喧鸟覆春洲，杂英满芳甸。"（《晚登三山还望京邑》）；

北魏石棺线刻孝子图（局部），山水木石夸张变形，富于装饰趣味。

"远树暖阡阡，生烟纷漠漠。鱼戏新荷动，鸟散余花落"（《游东田》）等，大多语言清新洗练，景物淡雅疏远。甚至有些应制诗，谢＊也以山水诗形式来创作，既描绘出美丽的画图，又籍此歌功颂德，以山川景物来表现各种情感意趣，达到情景交融的境界，这是谢＊山水诗的重要特点。

谢朓十分注重诗歌声律。南朝永明体盛行，永明体是指在周＊、沈约等人发现的诗歌声韵规范下形成的具有严格格律的新体诗，谢＊是成就最大的永明诗人。他讲究平仄，合理运用声律，因此他的诗音调和谐，读来琅琅上口。他还善于熔裁，时有警句，这些句子流畅工整，体现了新体诗特点。

谢朓在当时就享有盛名，为文人所推崇。他关于声律对仗和写景状物的技巧，对唐代诗坛有深远影响，杜甫认为"谢每诗篇堪诵"（《寄岑嘉州》），李白更是常提到他"解道澄江静如练，令人长忆谢玄晖"（《金陵城西楼月下吟》），"三山怀谢"（《三山望金陵寄殷淑》），"蓬莱文章建安骨，中间小谢又清发"（《宣州谢楼饯别校书叔云》），可见对谢朓的欣赏。

肖衍建梁代齐

梁天监元年（502）四月八日，肖衍称帝（是为梁武帝），国号梁，建元天监。

肖衍字叔达，小名练儿，与齐肖氏同族，亦为兰陵郡兰陵县（今山东枣庄峄城镇附近）人。父顺之，曾辅族兄齐高帝肖道成篡夺刘宋天下，仕齐官至丹阳尹，颇为得意。母张尚柔，为西晋文学大家张华之后，学问博杂。行幼承母训，琴棋书画、经

梁武帝肖衍像

080

史子集、星相占卜、骑射剑搏、无不涉猎，有神童之称。出仕之初，为竟陵王肖子良所赏识，子良于西州鸡笼山开西邸，衍年甚轻，便与范云、肖琛、王融、沈约等并列为"西邸八龙"，成为风云人物。

肖衍自其父于齐永明十年（492）忧惧死后，对齐高帝之子孙怨恨渐深。曾助齐高帝兄子齐明帝篡位并戮杀齐高帝、武帝之子孙。后受明帝猜忌，不满，有取代肖齐之意。永泰元年（498），为雍州刺史。时肖宝卷（东昏侯）当政，大诛朝臣，人心思乱，衍乘机筹备起事。

永元二年（500）十月，衍兄肖懿无罪为肖宝卷所杀。十一月，衍联络西中郎将长史肖颖胄，奉年仅13岁的荆州刺史肖宝融为主（是为齐和帝），正式起事。去年九月，兵临建康。十二月，肖宝卷为属下所杀，建康被萧衍占领。上个月二十八日，肖衍逼肖宝融禅位，齐亡。本日，肖衍称帝，国号梁，建元天监。大梁王朝终于建立。

梁置五经博士

梁武帝在位期间尽量选用良吏，分遣使者，巡视州郡，并命州、郡、县设置州望、郡宗、乡豪各一人，专门搜罗和推荐人才。

天监四年(505)正月一日，梁武帝又下诏："两汉选拔贤者，全凭经术通否，心存雅道，各立行成。魏、晋以来，学风浮荡，

梁释迦立佛龛

风节不树，皆因压抑经术所致。兹定置五经博士各一人，广开馆学，弟子射策，通明者，即可任命为吏。"

梁武帝有感于人才缺乏，遂仿效汉制。于是以贺玚、明山宾、沈峻、严植之补博士，各主持一馆，每馆有数百学生，供给饮食。凡考试通过优秀者皆可为官。一年之间，怀经、负笈者云集。后来，又选学生专往会稽云门山向何胤学习，令何胤从学生中选拔品学兼优者，记名上奏。同年，又分遣博士祭酒巡视州郡立学。

僧伽婆罗、曼陀罗译经

肖衍称帝后，笃信佛教，对外来高僧尤其重视。天监五年(506)，肖衍邀请扶南国僧人僧伽婆罗和曼陀罗至建康翻译佛经。僧伽婆罗和曼陀罗，都是来自扶南国的僧人。僧伽婆罗先习《阿毗昙论》，后习律藏。齐时，他到达建康，拜天竺沙门求那跋陀为师，又研究学习《方等》，很快以佛学精湛而闻名京畿。齐末动乱时，僧伽婆罗曾拥锡远游。曼陀罗在梁初携带大量梵本佛经来华，天

梁释加立佛像（碑阴）

监五年(506)，肖衍知道了曼陀罗携经来华一事，便邀请曼陀罗和僧伽波罗同到建康翻译佛经。僧伽婆罗精通汉、天竺诸语，在建康的寿光殿、华林园、正观寺、占云馆、扶南馆五个地方翻译佛经十一部，共四十八卷。其中《大育王经》、《解脱道论》即巴利文《清道论》之异本、《文殊师利所说般若波罗蜜经》较为知名。曼陀罗在讲经道佛的同时，也翻译佛经三部，共十一卷。

梁魏洛口钟离大战

天监二年(503)，北魏派中山王元英进攻义阳(河南信阳)，次年，义阳失陷，北魏又占领了梁的司州。天监四年(505)，北魏又攻取梁的汉中地，并想乘势取蜀。

肖衍代齐，经过 3 年的经济整顿，与民休息，国力迅速恢复，而这时北魏元洛(宣武帝)主政，国力已无孝文帝时代那样强盛。肖衍认为北伐的时机已经成熟，遂于天监四年十月九日宣布大举北伐。

肖衍怀必胜之心，想把功劳归于一家一姓，弃大将韦＊不用，而委任其六弟，懦弱而不知兵的扬州刺史临川月王肖宏为主帅。大军从建康出发，器械精新，军容甚盛，北魏感叹以为百数十年所未之有。次年，诸将攻克了北魏的一些城市，九月，大军进驻洛口(今安徽怀远西南 70 里洛涧入淮之口)。前军攻克梁城，肖宏却不敢继续推进。北魏大将邢峦及中山王元英联兵南下，两军形成对峙状态。由于韦睿驻兵合肥，北魏大军也不敢冒然进犯洛口。二十七日深夜，暴风雨突然袭击洛口，军中惊乱，肖宏以为北魏来犯，急率数名卫士偷偷逃回建康。天明，将帅寻主帅不见，乃一哄而散，丢弃的器械填满水路。魏军乘胜追击，死者近五万人。这次不战自溃的北伐，使齐元气大伤。

天监六年(507)，北魏中山王元英和平东将军杨大眼等数十万人围攻钟离(今安徽凤阳)，钟离城北为淮水，元英据南岸攻城，杨大眼据北岸功城，以保粮运畅通。钟离城中守兵三千，将士奋力抵抗。魏人以土填壕，使其众背土随之。人未及回，连士一起填之。魏人以冲车冲城，昼夜苦攻，分番相代，莫有退者。前后被杀伤以万计，魏人死者与城平。二月，魏主召元英还。英不肯，魏遣步兵校尉范绍到元英营，范绍也劝元英退兵，英就是不听。二月末，梁帝派豫州刺史韦睿将兵救钟离，受曹景宗节度。睿趋兵直进，人畏魏兵众多，多劝其缓行，睿说："钟离危急，车驰卒奔，犹恐不及，何况缓行，魏人已堕吾腹中，你等无忧"。既至邵阳，曹景宗见到韦睿，礼貌甚谨，梁武帝知道，高兴非常,"二将和,师必济矣"!韦睿在魏城百余步处立城,韦兵器甲精新,军容甚盛,魏人为之丧气。钟离城知有外援,勇气更盛。魏将杨大眼勇冠三军,所向披靡,率一万多骑兵来战。韦睿以强弩射之,射中右臂,大眼退走。第二天早晨,元英亲自挑战,数战不胜。三月,韦睿趁淮水暴涨,驾战舰击魏,又火烧魏营,人人奋勇,无不以一当百,魏军大溃,元英弃城而走,大眼也烧营而逃,兵士弃甲投水,溺死者十万余人,被杀者也十万人,被擒者五万余人。梁军收其资粮、器械、牛马、驴骡不可胜计。

梁魏通过洛口、钟离两次大战,双方随之安定下来。

肖梁以佛教为国教

梁武帝肖衍本信奉天师道。称帝后,于天监三年(504)四月八日,突然集道俗2万人,发愿皈依佛教。他这样说:"弟子经途迷荒,耽事老子,历业相承,染此邪法。习因善法,弃迷知返,今舍旧医,归凭正觉。…化度含识,共同成佛。"从此以后,肖衍以苦行乐。每日仅食1顿饭,而且是"膳无鲜腴"。一顶帽子戴3年,一床被子盖2年,不饮酒,不听音乐。有"皇帝菩萨"之称。在他的提倡下,梁朝官民信佛成风,佛教遂成为国教。

梁释迦立佛龛

北魏景明造像

梁释迦立佛龛（碑阴）

梁临川靖惠王肖宏墓碑侧浮雕雕

肖衍屡次舍身佛寺。至大通元年(527) 三月，他第一次到同泰寺舍身，三日后还宫。中大通元年(429) 九月，他第二次到同泰寺舍身，设四部无遮大会，脱掉皇帝服装，穿上和尚衣服，住在寺内便房中，素床瓦器，并于讲堂法座，为四部大众（僧、王、善男、信女）开讲《涅槃经》，由公卿以下群臣出钱一亿万奉赎，方才于十月回宫。太清元年(547) 三月，他第三次舍身同泰寺，群臣再以钱一亿万奉赎，这就是著名的梁武帝三次舍身同泰寺。梁武帝舍身奉佛，一是建筑寺院，就化费大量钱财，二是直接将大量财物舍入佛身，三是帝王如此崇佛，上行下效。

文学家任昉去世

梁天监七年（508），仕宋、齐、梁 3 朝，以文章闻名之任昉逝世。任昉（460 ～ 508）字彦升，乐安博昌人。幼即好学，成名颇早。16 岁出仕，为宋丹阳郡主簿。后举兖州秀才。仕齐官至中书侍郎、司徒右长史。仕梁官至吏部郎中、御史中丞、新安太守。任昉博学多才。齐时，主持校雠秘阁四部书，并详定篇目，得以遍览古今典籍。家中藏书亦逾万卷。以此为资，撰《杂传》

147卷，《地记》252卷，《述异记》2卷，《文章始》1卷。但最负盛名的还是他的文章。任昉擅长骈文。文笔才思，王俭认为当世无人可比。早年入选"西邸八友"，与沈约齐名，人称"任笔沈诗"。王公表奏，包括梁武帝祀让文诰，均请任昉代笔。

刘勰开始创作《文心雕龙》

刘勰(466～539)南朝齐、梁时期著名文学理论批评家，字彦和，祖籍东莞郡莒县(今属山东省)，出生于京口(今江苏镇江)。刘勰出身贫寒，自幼"笃志好学"，在寺庙高僧的帮助下钻研佛理，饱览经史百家著作和历代优秀文学作品，深得文理，经过六年的努力，于齐和帝中兴二年(502)写成《文心雕

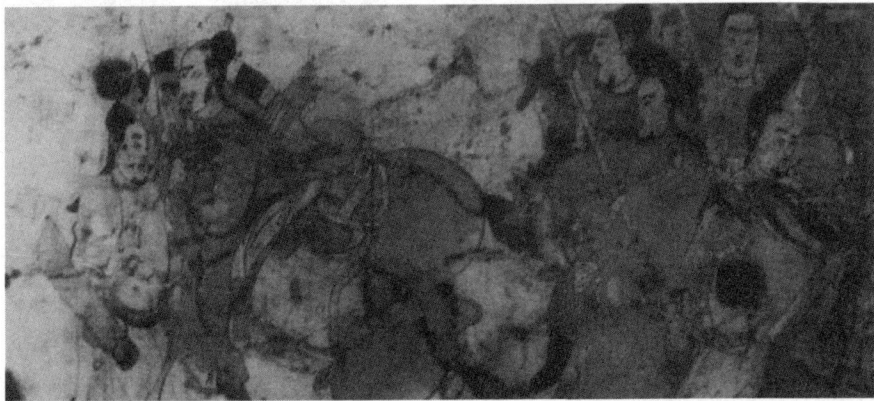

北进娄睿墓壁画《出行图》

梁南康简王肖绩墓石刻全景。梁天监八年(509)，肖绩封南康郡王，大通三年(529)卒，谥曰简。肖绩墓南向，墓前石刻计有二辟邪、二神道石柱。

龙》。《文心雕龙》是中国古代文学自觉时代的文学理论专著。

《文心雕龙》全书共分 10 卷 50 篇，包括总体论、文体论、创作论、批评论四个部分。从《原道》到《辩骚》5 篇是全书的纲领，主张文学创作要本之于道，征之于圣，宗之于经，以儒家思想为核心。文体论 20 篇，对各种文体均"原始以表末，释名以彰义，选文以定篇，敷理以举统"，其分体详尽，论述周密。他作论 19 篇，论述了创作过程个性风格，文质关系，写作技巧，文辞声律等问题，精细而适辟。批评论 5 篇，对前朝的文人和文风提出入情入理的批评，并专门探讨了批评鉴赏的方法。最后一篇《序志》说明作者写作目的和全书的部署意图。

《文心雕龙》的文学史观，认为文学的发展变化，最终必然受到时代和社会政治生活的制约和影响,在《时序》篇中，刘勰提出"时运交移，质文代变"，"文变染乎世情，兴废系乎时序"，具有朴素的历史唯物主义和文学史观。同时他也重视文学自身的发展规律，他根据扬雄关于"因"、"革"的见解提出"通变观"，要求文学创作既要有继承又要大胆创新，但又强调任何创新离不开继承，只有把继承和创新很好地结合和统一起来，文学创作才能"骋无穷之路，饮不渴之源"，获得健康发展。

刘勰在论述文学创作过程时，强调它应反映客观存在的草木虫鱼、云霞天空等现象之美，同时认为作家先天的禀性、气质、才华及后天的学识修养对文学创作具有重要作用。在文学创作中，主观的"情"和客观的"景"相互影响，相互转化，真挚的感情在创作中起决定性的作用。他主张"为情而造文"，反对"为文而造情"，在风格论上，刘勰特别强调风骨，认为"怡怅述情，必始乎风，沉吟铺辞，莫先乎骨"，要求将高尚真挚的思想感情与刚健清新的艺术形式结合，对当时内容空调而词藻华丽的文风持鄙视态度。关于艺术想象，刘勰有许多精辟的论述，在《神思》篇中，他认为艺术想象要跨越时空，"思接千载"，"视通万里"，但想象的基础是客观生活的素材，想象离不开具体感性的物象，两者始终结合在一起，这正是形象思维的特点，艺术想象来源于生活知识的日积月累。在论述文学批评时，刘勰提出了批评的态度，批评家的主观修养、批评应注意的方面等问题。批评态度要全面，不能片面，否则就会出现"东向而望，不见西墙"的现象，批评家应具备广博识见，"观千剑而后识器"。

《文心雕龙》整部著作首尾一贯，布局严密，体大思精，新见叠出，是中国古代第一部体系较为完备的文学理论名著，对后代作家和批评家都产生过深远而有益的影响。

文学家江淹逝世

梁天监四年 (505)，文学家江淹逝世。

江淹 (444 ~ 505)，字文通，济阳考城（今河南兰考东）人。在梁代官至散骑常侍、左卫将军，封醴陵侯。他是南朝文学家，诗、赋、骈文都有一定的成就。晚年诗文无佳句，故有"江郎才尽"之说。

《别赋》是江淹的辞赋代表作之一，此赋善用华美辞藻，刻划各种不同类型人物的离情别绪，赋中写人物心理以细腻见长。如写"行子"的心情，通过描写景物来加以烘托，颇生动传神：

墓表。墓表在石兽之后，是陵墓神道的标志，由柱础、槽柱、方版、束柱、盖盘和蹲兽几部分组成。方版上阴刻墓主的职位及姓氏。肖景墓表是南朝墓表中的精品。槽形柱身反映出融汇着西方文化的艺术特征。

"是以行子肠断，百感凄恻。风萧萧而异响，云漫漫而奇色。舟凝滞于水滨，车逶迟于山侧。"此赋还列述了富贵者之别，剑客壮士之别、从军者母子之别、远赴绝域者之别、夫妇之别、游仙者之别和情人之别的离别情状，这种种别情各不相同，作者写来有声有色，细致入微，各具特色。

江淹的赋深受《楚辞》影响，同时也从鲍照等作家的作品中吸取了艺术

技巧，他的赋擅长于刻画人物的内心活动，除上述的《别赋》外，他的《恨赋》也是脍炙人口的名篇。《恨赋》写的是人生苦短，志不获骋的感慨。其中写冯衍的怀才不遇和昭君的远嫁奴，尤为哀恸动人。江淹的诗古奥遒劲，与鲍照相近，有"江鲍"之说。江诗的意趣深远，在南朝齐梁诸家中更具特色。

江淹所作骈文多为应用文字，《狱中上建平王书》是江淹在狱中为申诉自己的冤愤而作，笔法近似汉邹阳的《狱中上梁王书》，有文学意味。他的散文《袁友人传》是悼念好友袁炳的文章，写得也相当有感情。另江淹在南齐初还曾奉命修史，作有《齐史》十志。

梁修《五礼》意以礼乐治国

南朝齐时国内有位音乐大师伏曼容，请求皇帝支持他制成一套礼乐，仿先贤至圣礼乐治国。齐武帝于是下诏命十个人来修吉、凶、军、宾、嘉五礼。齐末时战乱频仍，所修之稿大多都在战火中散失了。梁武帝即位后，沈约又奏请皇上为五礼各置一个原先的制礼乐学者，让他们每人自己再举荐一个很有古学功底的人帮助撰写抄录，如果有什么疑问就奏请皇上降旨断决。修编工作开始后，由各位学者分别负责五礼一部，何佟之总负责。十位肩负国家重责大任的学者足不出户，皓首穷经，对汗牛充栋的资料进行检索整理。何佟之去世后，由伏曼容的儿子伏暅代替主持其事。梁天监十一年（512）十一月，《五礼》经过多年千辛万苦终于修成，共有八千零一十九条。同时，皇帝即下令开始颁行《五礼》。

梁筑浮山堰以灌魏寿阳城

梁修浮山堰始于梁天监十三年（514）十月。事情起于天监六年（507），当时魏国大将王足投降梁国，说北方有这样的童谣："荆山为上格，浮山为下格，潼沱为激沟，并灌钜野泽。"他据此向梁武帝献策筑浮山堰来灌北魏的寿阳城。梁武帝对此深信不疑，马上派水工陈承伯、材官将军祖暅前往实地勘察。陈、祖二人归后认为淮水沙土飘轻不坚实，无法筑堰。武帝肖衍不听，经过准备，于天监十三年（514）秋发动徐、扬民众及士兵20万人开始筑堰（在今安徽嘉山北，北临淮河）。堰坝南起浮山，北抵峻台（浮山对岸），两边同时筑，想于中流合拢。

次年（515）四月，浮山堰眼看就要合拢筑成，可是淮水一到窄处，水势迅疾，堰坝一合马上就冲溃了。有人便说淮水中蛟龙很多，能乘风雨破堰，但龙性畏铁。于是萧衍命冶铁器数千万斤，都沉于合拢处，仍随沙流动；于是又命伐木做成井字形，填以巨石，加土上去，始筑成堰堤。沿淮河数十里木石无论大小都搜罗净尽，夏日热疾流行，民工死亡不计其数，尸体枕藉，蝇虫之声昼夜不止，冬天气候酷寒，士卒又冷馁死十分之七、八，惨不忍睹。耗费了大量人力、物力之后，天监十五年（516）四月，浮山堰全面竣工，堰长9里，下宽140丈，上宽45丈，高20丈，深19丈5尺，堰旁植杨种柳，堰上盘扎军营，十分壮观。这时有人告诉掌堰的康绚，淮水不可久蓄，应开泄口放水东流，方可保堰不坏。康绚采纳意见开口泄水，却又派人入魏国施反间计，说梁国人很怕堰开口泄水，不怕野战。魏将肖宝寅信以为真，急开山深五丈，导水北流。自此淮水日夜分流不止，水漫淮河两岸达数百里。魏军只得回撤，又筑魏昌城于八公山东南，以防寿阳城被冲坏，居民可迁居高冈之上。淮水静静流淌，清澈异常，淹没处房屋坟墓都了然可见。

梁初修浮山堰时，因堰起于徐州境内，刺史张豹认为自己必掌管其事。谁知到头却任命康绚来监管，让张豹之子受其指挥。张豹之子非常忌恨，于是诬告康绚私通魏国，武帝虽不信，也还是召还康绚。张豹之子掌管堤堰，却不再维修，任其削耗。这年九月，秋雨霏霏，十三日淮水暴涨，冲决堤堰，声震如雷霆，三百里内皆可听见，沿淮河的城镇村落十余万人口，都被滔滔大水席卷漂流入海，惨状难描。

《弘明集》编者僧佑圆寂

梁天监十七年（518）《弘明集》编者僧佑卒。

僧佑（445－518），俗姓俞，祖籍彭城下邳（今江苏邳县东）。梁朝佛教学者，僧佑的父辈已定居建业（今南京），僧佑小时随家人去建初寺礼拜时，就异常喜欢寺院，不肯回家。僧佑初时拜僧范道人为师。14岁时，其父私下

为他商议婚娶之事，他知道后逃避到定林，投拜了法达法师。法达严守佛戒，是当时法门栋梁之才。僧佑竭诚事师，后又投沙门法颖法师。法颖乃是一时名家，为音律学宗师，僧佑夜以继日，刻苦钻研法颖的学问，终于精通律部，胜过了他的老师，名满天下。南齐时竟陵文宣王就常邀请他讲音律，听众往往有七、八百人。到了梁朝，梁武帝也很器重他，以礼厚待。凡有佛事上不明确的，梁武帝都依赖他审定决断。僧佑晚年腿脚有病行动不便，好佛的梁武帝甚至允许他乘车进入内廷为六宫嫔妃摩顶受戒。天监十七年（518）五月二十六日，僧佑圆寂于建初寺，享年74岁。僧佑曾编《出三藏记》（又名《僧佑录》），记载了东汉至梁所译经、律、论等目录、序记及译经人的传记等，其中目录部分是根据道安《综理众经目录》订补而成，为我国现存最早的佛教经录。他还编了《弘明集》14卷，辑录了东汉至梁百位学者有关佛教的论著，在文献保存方面贡献颇大。僧佑还著有《释迦谱》、《法苑记》等书，不愧为我国古代一位有成就的高僧。

佛教东渡

　　南朝宋大明二年（458），罽宾国（今克什米尔）比丘5人到达日本关东的扶桑国去宣扬佛教。在罽宾比丘的游说下，扶桑国开始流通佛法、佛经、佛像，并建立教会，使风俗大变。国人纷纷出家，改信佛教，使扶桑成为日本最先信奉佛教的国家。

　　但佛教大宗地由印度传到日本，则是中国佛教信徒以及深受中国文化熏陶的朝鲜半岛的百济、高句丽、新罗僧侣辛勤传导的结果。其中百济又是中国儒学和佛教东渡日本的重要津梁。

　　522年，即日本继体天皇十六年，南朝梁代著名雕塑家司马达来到日本，朝觐天皇。接着，他就在日本的政治中心大和国高市郡板田原，安置本尊（佛像），皈依礼拜。随后他便移居在这里，并受到苏我马子的器重。他努力开创佛教艺术，创造了具有中印度风格的鞍作派雕塑，成为佛教雕塑艺术的鼻祖。他的儿子多须奈、孙子止利（鞍作乌）继承他的事业，发展日本的佛教艺术，成为推古朝艺坛上光彩昭著的人物。

　　538年，佛教由百济传入日本，逐渐成为苏我氏、大伴氏等氏族崇拜的宗教。

而在此之前的 534、541 年百济曾请求南朝梁王朝派遣佛学专家专程去百济传授《涅槃》等佛教经义。

568 年，钦明天皇命人流入樟木，雕造成两尊佛像，成为日本就地塑造佛像的开端。

佛教东渡日本不仅推广了佛教在世界的传播，而且把中国化的佛学思想、文教、礼俗以及佛雕工艺、美术和医药等知识移植到日本，对日本接受中国的文化产生了潜移默化的作用。

钟嵘作《诗品》

梁天监十七年（518），梁西中郎将记室参军钟嵘撰成《诗品》。钟嵘（约468～约518）字仲伟，颍川长社人。肖齐时，官至司徒行参军。梁初，迁中军将军临川王（肖宏）行参军。本年选为西中郎将晋安王（肖纲）记室参军。不久卒于任。《诗品》是他的古代诗歌评论著作，以五言诗为主，把汉到梁著名的诗歌作家，区别等第，分成上中下三品，所以称为《诗品》。为中国第一部诗歌批评著作。

梁代时形式主义诗风已经发展得相当严重，钟嵘认为诗风的不振是那些"王公缙绅之士"造成的，这些"膏腴子弟"们"耻文不逮，终朝点缀，分夜呻吟"，结果是"独观谓为警策，众睹终沦平钝"（《诗品序》）。钟嵘对他们一味讲究用典故和拘忌于声律而忽视内容这两个倾向进行批判。他例举古今名句，指责用典过多，造成大明、泰姑间"文章殆同书抄"的弊病；他反对过分讲究声律使"文多拘忌，伤其真美"。但他忽视了对声律的探讨可以使诗歌格律更为完整，钟嵘的批评不免偏激了。而他认为诗歌必须"清浊通流，口吻调利"的观点则是正确的。

钟嵘提出评价诗歌的标准，他认为诗歌要内容充实及文采华美，"干之以风力，润之以丹彩"。钟嵘认为在诗歌创作中，语言要流畅、含蓄，不要晦涩、浅露，使"味之者无极，闻之者动心"。钟嵘大力提倡五言诗，对五言诗的起源和发展作了探讨，虽有不恰当的地方，但这种论述为诗歌形式的历史发展，从理论上开辟了道路。钟嵘根据作家和作品的风格特点，对不同的艺术流派进行区分，对作家及作品也有一些精辟的见解。

　　虽然《诗品》存在不少缺点，但它仍然是中国文学理论批评史上的一部重要而有影响的著作。

陶弘景建茅山道宗教教理

　　南北朝时期，各种宗教都得到了突飞猛进的发展，道教流派也逐渐形成并定型，各派代表人物无一不致力宗教教理的建构。陶弘景就是在这一背景下，创建了道教茅山道宗教的教理。

　　陶弘景（456 ～ 536），字通明，自号华阳隐君，丹阳秣陵（江苏南京）人，是南北朝时期著名的道教理论家和医学家，酷好读书，学问广博，永明十年（492）上表辞官后，隐居句曲山（茅山）习道传道。10 岁时，他得到葛洪《神仙传》，昼夜研读，开始对道教产生了浓厚的兴趣，齐武帝永明二年（484）从陆修静的弟子孙游岳学道教符图经法。隐居茅山时得到杨羲、许谧、许翙的手迹，成为上清系的重要传人。因他长期在茅山炼丹传道，并对上清经系的传授有系统的记述，茅山成了全国的上清系中心，从此，上清系也被称为茅山系。

　　陶弘景在道教理论方面的建树主要表现在对"道"的解释上，他认为"道"是天地万物生成的根本，它超越元气，又先于元气而存在，是神秘的精神本体，这种宗教唯心主义的世界观，成了陶弘景道教的理论基础。在这一理论基础上，陶弘景总结了早期道教的成就，编制了神仙谱系、宗教在本质上乃是对超自然神灵的信仰，神仙谱系反映了其宗教神灵观念。由于道教是民间长期流传的产物，魏晋以后，派系纷争，无法形成统一的神仙谱系，从而导致神灵观念的紊乱，有鉴于此，陶弘景写成了《真灵位业图》，把能够搜集到的道教传说中的诸神以及地上的圣王、帝君、名人、道士统统排入七个等级，每一级有一位主仙，左右两位配仙，最高级皇位为元始天尊，左为得上道君，右为元皇道君，道教史上的著名人物如魏华存、杨羲、许谧、许翙、张陵、葛洪、陆修静等，儒家尊奉的圣贤黄帝、尧、禹、孔丘、颜回，以及秦始皇、汉高祖、李广、何晏等，都名列其中，共 4、5 百位。他认为天上也是等级森严的圣殿，以人的理想的秩序观念为出发点，建构了天上的秩序，为当时门阀等级制度的存在提供了理论依据，对道教理论走向成熟产生了极大的影响。

陶弘景十分重视修真养生的问题，主张形神双修，养神与炼形并重，认为人贵在形、神兼备，只有通过主观努力，炼形、养神才可以延长寿命，获得长生，而七情六欲是伤神损形的物质，如果不加以节制以保持心灵清静，就会对人的健康造成损害，要做到这些，就必须饭食有节，起居有度，实施行气、导引。

由于其对儒、佛二教也颇有心得，因而在陶弘景的道教理论中，不时融儒援佛，力求促使三教合同，并提出三教均善论，认为儒、道、释三教都是天下的最好的宗教，应使他们发挥各自的长处，三教的社会功用各有不同，但只有将其完美地融合起来，才能成为形、神、道德兼具的真正悟道的真人。

陶弘景注《本草经》

陶弘景（456～536）字通明，所著《本草经集注》堪称《神农本草经》之后本草学的一个重要里程碑。

在《神农本草经》所记载的 365 种药物的基础上，又增补了选自《名医别录》的 365 种新药，共 730 种，并撰写了比较详细的注文。为区别书中不同的文字构成，陶弘景以小字写注文，以红色和黑色的大字分别书写辑录的《神农本草经》和《名医别录》的内容，这样处理，使全书内容源流清晰。

《本草经集注》的重要成就，首先在于按统一体例整理了当时流传的各种《神农本草经》。该书首次按药物的自然属性将所选的 730 种药物分为玉石、草木、虫兽、果菜、米食等，比《神农本草经》上、中、下三品分类有突破性意义的进步。唐代《新修本草》和明代李时珍《本草纲目》的分类方法，都是对这种药物分类法的继承和发展。该书"序例"中还提出了"诸病通用药"，列举的这类药物共 80 多种，依照药物的治疗性能分类，这对于临床实用有重要的指导意义。现代中药学著作大都沿用这种功能分类的方式，足见其开创之功。陶弘景重视药物的性味，他将药性分为寒、微寒、大寒、平、温、微温、大温、大热几个属性，特别强调药物的寒温特性，指出"甘苦之味可略，有毒无毒易知，唯冷热须明"。另外，对药物的产地、采集、炮炙、贮存、鉴别等都有较多的补充和说明，尤其重视药物产地对药物疗效的影响。

《本草经集注》在中国药学史上有很重要的地位，它对南北朝以前的本草著作进行了一次系统整理，使中国主流本草学著作的雏形大体定型。

《瘗鹤铭》代表南朝碑刻

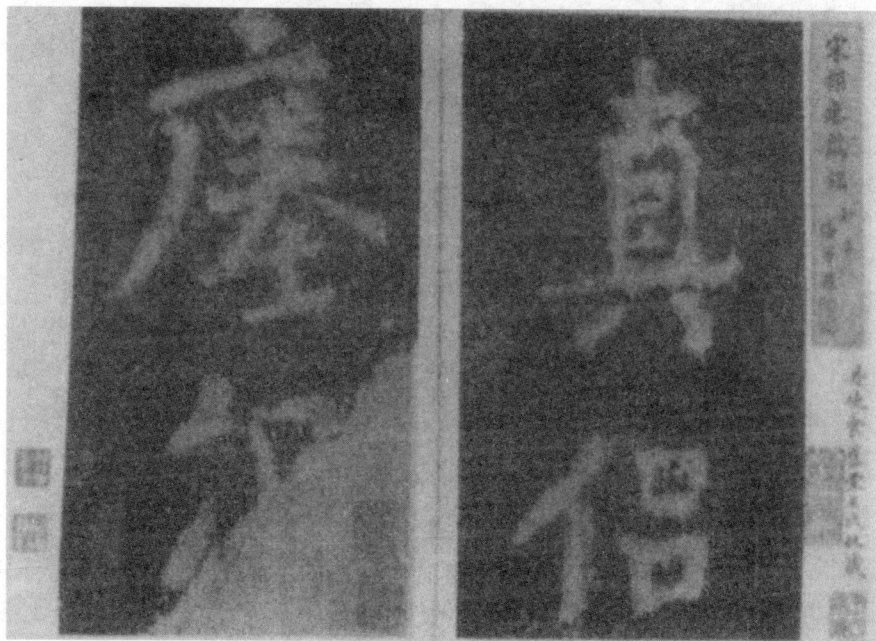

瘗鹤铭

　　南朝梁武帝天监十三年（514），华阳真逸撰写《瘗鹤铭》文，上皇山樵书，为南朝最著名的碑刻之一。刻石的时代和作者的真实姓名，历来未有定说，一般认为是"华阳隐居"陶弘景的书作。

　　《瘗鹤铭》是摩崖刻石，位于焦山（今属江苏镇江）。原来刻在焦山西麓石壁上，后因遭雷击而崩落长江水中，直至清康熙始由人挖掘出来，移入焦山定慧寺壁间。《瘗鹤铭》用笔奇峭飞逸，字体厚重高古，虽为楷书，但带有行书和隶书的笔法意趣，实为刻石艺术佳品。

瘗鹤铭

此碑刻妍质并茂，向为历代书家所推重。黄庭坚曾赞叹说："大字无过《瘗鹤铭》。"米芾、陆游等名士都在石旁题名作记，对它评价很高。

慧皎撰写《高僧传》

梁天监十八年（519），高僧慧皎撰成《高僧传》。慧皎，会稽上虞人。为会稽嘉祥寺僧。学通内外，尤好经律。曾著《涅槃义疏》、《梵纲经疏》行世。有感于前代《僧传》记载疏漏，且事迹互异，撰成《高僧传》14卷（包括《序录》1卷）。此书分译经、义解、神异、习禅、明律、亡身、诵经、兴福、经师、唱道10类，收东汉永平元年（58）至本年间高僧257人，附见237人。采访广博，事实详实，为佛教史研究者所重。

菩提达摩东来

梁普通元年，北魏正光元年（520），
南天竺高僧菩提达摩泛海至广州。南天
竺高僧菩提达摩（或云波斯人）相传为
刹帝利种，曾从西天禅宗27祖般若多
罗受心法，自称28祖。本年泛海至广州。
曾入建康，与肖衍（梁武帝）面谈不契，
遂渡江到（北）魏，往嵩、洛、邺等地
传法。达摩之学，以"楞伽"4卷为本，
变次第之禅为顿修顿悟之禅，号称"教
外别传"，初时并不盛行。后得弟子慧可，
传与心法及袈裟，作偈称："吾本来兹土，
传法救迷情。一华开五叶，结果自然成。"
预言所创"禅宗"将来必定大盛。中大
通六年（东魏天平元年，534），卒于洛滨。

菩提达摩渡江图碑

后世尊为东土禅宗始祖。禅宗衣钵相传，
至六祖慧能，将儒家思想部分融入禅宗之中，使禅宗成为中国式的佛教大宗。

文学家刘峻去世

梁普通二年（521），著名文学家刘峻去世。刘峻（462～521）字孝标，
平原人（今山东平原南）。终年63岁。

刘峻幼年的时候，乡里沦陷，他被人掳掠卖作奴隶。中山富豪刘实很同
情他，将他赎出，并让他读书。齐永明年间他从北方回到南方，在齐、梁两
朝都做过小官，很不得意，后来干脆弃官不做，到东阳隐居。刘峻酷爱读书，
常常废寝忘食，当时的人把他叫做"书淫"。刘峻博览群书，很有文才，勤

于著述。他写的《广绝交论》《辨命论》《自序》等，被当时文人学者看重，广为流行传诵。刘峻曾经编撰《类苑》120卷；他还为《世说新语》作注。刘峻有《刘户曹集》辑本6卷，文笔华美流畅，议论精辟，自成一家。

刘峻的文章在南朝作家中颇有特色，其代表作《广绝交论》，是有感于任昉事而作。任昉生前常吸引士大夫，死后其子贫困，而当年的友人却很少照顾，刘峻极为悲愤，作《广绝交论》加以揭露和鞭挞。他把世上虚伪的交谊分为五类："势交"（依附有权有势的人）；"贿交"（趋奉有钱人）；"谈交"（结交有名的人希求称誉）；"穷交"（彼此不得志，互相利用，一旦得志便忘了交情）；"量交"（考虑和对方结交，可以得到好处）。并一一作了描绘与讨伐。如写到"量交"时，就形容那些热衷势利的人，对有道德之人反而"视若游尘，遇同土梗"；而对于品质卑劣之人，只要对自己有利，不惜"匍匐逶迤，折枝舐痔，金膏翠羽将其意，脂韦便辟导其诚"。这处对世态的揭露已不仅仅局限于任昉生前的一些友人，而是涉及了整个封建士大夫阶层的心理状态和道德面貌。他呼出了"世路险巇，一至于此"！具有魏晋愤世疾俗之风，成为南朝骈文中的杰作。

集前代名舞大成的清商乐舞

《清商乐》是魏晋南北朝时期十分流行的表演性俗乐舞的总称，又名《清乐》。其名称来自曹丕在魏国专门设立的管理音乐的机构"清商署"。

曹魏时期，曹氏父子都喜爱并擅长音乐舞蹈。曹操于建安十五年（210）在邺都修筑了"铜雀台"，招请一批优秀的歌舞艺伎住在台上，随时为他表演歌舞。后来曹丕即位后，设立"清商署"，以及"清商令"、"清商丞"等官职，专门负责从民间采集歌舞，再作一定的艺术加工，为统治阶级提供欣赏娱乐的表演性乐舞。初期的清商乐舞就是这样产生的。

清商乐在两晋南北朝都得以承袭。晋武帝司马炎保存了曹魏时期的"清商署"；平吴之后，又将吴五千歌舞艺伎全部收纳，于是南北地区流行的乐舞都归入"清商"。东晋南迁时，中原传统乐舞也被带到了南方，清商乐中又纳入了当地的民间乐舞"江南吴歌"和"荆楚西声"。这样清商乐的内容就得到丰富和充实。500年北魏平定寿春时，也得到了江左流传的"中原旧曲"

以及"吴歌西声"等南方民间乐舞。因此《清商乐》在南朝、北朝都广为传播，成了保存着自秦汉，以至于魏、晋、宋、齐、梁、陈、北魏等各代民间乐歌和舞蹈节目的俗乐舞的总称。在这些被称为"清商乐"的乐舞中，既有被作为"前代正声"进入庙堂，用于祭礼仪式的雅乐，又有经过魏晋南北朝时期历代宫廷艺人改编的民间俗舞。

所谓"前代正声"的雅乐舞，主要是指流传下来的古代歌舞。如《鞞舞》原是古代"鼓舞"的一种，汉代已用于宴乐。魏曹植、晋傅玄等都根据古辞格式写过鞞舞歌。到了晋朝，《鞞舞》更受到朝廷的重视，表演人数一增再增，达到《周礼》所定天子用乐规格。此舞成为乐府的精彩节目，祭祀天地祖先时常用，被视为宫廷珍宝。又如《巴渝舞》原是汉代名舞，产生于西南少数民族"板楯蛮夷"（或称賨人），粗犷豪放。曹魏时重写了歌词，歌颂魏的功德，用于太祖庙堂；晋代改称《宣武舞》，也用作祭祀中的武舞；晋代后期，经改编后归入《清商乐》。《公莫舞》本是汉代就有的，《巾舞》以挥洒长巾为其表演特色，后来从难以破解的《巾舞》古歌辞首句"吾不见公莫时"中，取"公莫"二字作为舞名。因附会项伯以袖护汉王的故事，说舞蹈中的用巾动作，象项伯用袖护汉王，给此舞涂上了一层眩目的传奇色彩，因此得以长久流传。

正因为"清商乐舞"是由魏晋南北朝官方机构收集改编的各种中原和江南乐舞的精粹，后来被隋文帝称之为"华夏正声"，并经考订增删归入隋的《七部乐》、《九部乐》。

梁铸铁钱

梁朝初年，只有扬州、荆州、江州等七个州用钱作为通用货币，进行交易；交、广一带仍然使用金银购物；其他的州郡都还是采取原始的物物交换形式，用谷和帛充当一般等价物。梁武帝时期，政府铸造了两种通用铜钱：一种是内外有棱角的五铢钱；一种是没有棱角的"女钱"。但是，老百姓还是经常使用古钱进行交易，货币不能统一。朝廷多次禁止使用古铜钱，都没有取得什么效果。

普通四年（523），鉴于市面流通的铜币杂乱，影响国家财政，朝廷下令铸造铁钱。铁钱通行之后，铜钱逐渐被淘汰。后来铜钱被废置不用，市面上进行交易，支付的都是铁钱。铁钱成为全国统一的货币后，梁朝的国家财政有所好转。政府大量铸造铁钱，这在我国货币史上是第一次。

铜新品种出现

北魏陶牛

在魏晋南北朝时期铜合金技术获得了很大发展，其中以镍白铜的发明和黄铜的生产两项成就最为重要。据东晋常璩《华阳国志·南中志》记载，堂螂县（今云南会泽县境，与东川铜矿和四川会理铜镍矿相邻）出产"银、铅和白铜"，这里的"白铜"即指镍白铜，这是我国也是世界上关于镍白铜的最早记载。据对会理刀马河铜矿及一件白铜墨盒的分析表明，早期镍白铜经历了铜镍共生矿炼制和有意配制两个阶段。关于黄铜的最早记载见于梁宗懔《荆楚岁时记》"七月七日，七夕，妇人结采缕，穿七孔针，或以金银输石为针"。这里作为针的"输石"就是锌铜合金黄铜。不过对于我国古代黄铜的确切发明期，学术界尚存在颇多争议，有待进一步考察确定。总之，南北朝时期是我国古代铜品种发展史上的一个重要时期，镍折铜的发明和黄铜的生产适应了当时的战争、生产和人民生活的需要，同时也极大地促进了金属铸造技术的发展。

梁武帝舍身

梁大通三年（529）九月十五日，梁武帝来到同泰寺，设无遮大会，给四部大众（即僧、尼、善男、善女）讲《涅槃经》并舍身。过了十天，群臣用一亿万钱将他赎出。这是梁武帝在同泰寺第二次舍身。

梁武帝肖衍一生笃信佛教，总共在同泰寺舍身四次。梁武帝舍身时穿法衣，住同泰寺的僧房，睡简朴的床，使用瓦器，还要从事寺中的劳役，过清苦的生活。因为梁武帝舍身是把身体施舍给佛，所以要用钱从佛的手中奉赎皇帝还俗，于是，大臣们捐钱给同泰寺赎出皇帝。一亿万钱这样的大数目，足以见皇帝龙身的金贵。梁武帝在同泰寺舍身，设无遮大会，即贤圣道俗上下贵贱无遮，平等行财施和法施的法

梁华严经卷第廿九

会。后来，梁武帝又设四部无遮大会，共有僧俗五万多人参加。会后梁武帝大赦天下，改元"中大通"。

南朝瓷器形成繁荣局面

魏晋南北朝时期，南方因为社会比较安定，东汉晚期发明出来的青瓷、黑瓷技术都得迅速发展。瓷器的应用范围有所拓展，制瓷业在广泛的地域内推广开来，制瓷技术也得到很大提高。仅浙江一地，就形成了越窑、瓯窑、婺州窑、德清窑四大窑系，"瓷"字也出现于这一时期。

南朝的制瓷技术，从胎料、釉料的选择和配制，到成形、施釉、筑窑和烧造，都取得了长足的进步。由东汉到五代，南方青瓷一般都采用当地瓷石为原料，但在不同地区，不同历史阶段，因

南朝青瓷大莲花尊

101

南朝青瓷莲瓣纹托碗

原料选择、加工上的不同，产品成分也表现出一些差别。在南朝诸窑中，德清窑的原料处理最为复杂，所用原料达六七种之多，能够通过原料的配合产生不同的颜色、光洁度，表现了高超的选料技艺。在成形技术上，此时已采用拉坯成形，拉坯用的陶车也采用了先进的瓷质轴顶碗装置，提高了生产率，一些扁壶、方壶、桶、俑、动物形制品等式样特殊的器物，则兼用拍片、模印、镂雕、手捏等工艺，满足了不同的需要。这一时期石灰釉技术也在稳步发展，工匠们已能够采用含铁、锰、钛成分不同的原料来调配釉色，是制釉工艺的一个大发展，并且改进汉代以来采用的涂刷施釉法，创造了更为科学的浸釉法，使釉色均匀、呈色稳定。龙窑结构也有所改进，将以前的龙窑加长加高，既增加装烧面积，增大装烧量，又可提高热利用率，还可延长窑顶寿命，经过改进，龙窑结构一步步走向定型。

随着制瓷技术的提高，瓷器质量也逐渐提高，南方的青瓷质地细腻坚实，釉色光洁度增加。除了越窑大量生产青瓷之外，还有朱瓯窑的缥瓷和德清窑的黑瓷，都各具特色。越窑青瓷在装饰方面出现了新的变化，压印的网格纹、联珠纹已很少见，转从釉色上美化加工，新兴一种釉斑装饰，用含铁量很高的釉料，有计划地点在青釉上，烧成褐色的美丽斑纹，仿佛锦上添花，给青瓷披上新装，增加异样的丰彩。有一个青瓷双复系盖罐，盖上罐身排列着整齐的褐斑，新鲜雅致，突破了单色釉的局限，为彩瓷的发展开拓了新的途径。在佛教艺术影响下，莲瓣纹饰显得十分突出。从东晋开始，莲瓣纹已在青瓷上崭露头角，到了南朝就更加风行，如莲瓣纹六系盘口壶，肩部刻有一周肥满的莲瓣；青釉龙柄鸡头壶和青釉刻花壶，均以莲瓣纹作装饰。最有代表性

南朝狮形烛台

103

短命王朝

南朝青瓷莲花尊。通体施青色釉，釉层不匀，釉厚处呈泛绿色，晶莹光泽。此器造型优美别致，反映我国这一时期制瓷工艺上明显特点。

的是永明三年的青瓷莲花尊，盖上刻纹覆莲，颈上部饰仰莲，腹部浑圆，上面饰长瓣覆莲，每瓣刻有花脉，腹下部又有一周肥短的仰莲，整个器型极精巧秀美，上下和谐，表现了南方青瓷典型的风格特色。莲花尊是当时一种常见的瓷制品，它带有明显的宗教内容，纹饰中的飞天、卷草和大量莲瓣纹，都是佛教艺术的常见题材，加上造型庄严宏伟，与一般生活用瓷迥然不同。这种莲花尊在南北朝以后即已消失不见，而莲瓣纹饰一直继续盛行，越往后越为广大群众所喜闻乐见，不再存在宗教涵义。

南朝瓷器品种日益丰富，除壶、尊、罐、盘之类，还有唾壶、灯檠、博山炉、三足砚、烛台等，制作质量日益提高，造型也更加秀美。如青釉双耳盘口壶、青瓷六系盘口壶等比以前更向瘦长方向发展，越显出典雅蕴藉、精巧秀丽的南方风格。有趣的是这些盘口壶后来逐渐演变为鸡头壶，并发展成最完善的日用瓷类，初创时的鸡头短小无领，堆塑于壶肩上，与壶身不通，无实用意义，后来鸡头装饰与实用密切结合，鸡头作高冠引颈、昂首远眺模样，口改为筒形，与壶体相通，便于注水，鸡尾变作壶的曲柄，上端与壶口相接，不仅使造型更加优美，而且便于使用时把持倾倒，达到器形与实用功能完美结合的理想

南朝青釉莲花檠。高 2．2 厘米盘径 14．7 厘米。这是青瓷灯檠。柱的下端塑莲花两朵，造型美观别致。

境地。

南朝瓷业在技术、品种、造型上都在前代基础上有较大发展，为唐宋名窑的出现打下了坚实的基础。

南朝骈文极盛

骈体文起源于东汉，开始的时候大多是写给皇帝的奏章使用这种文体，以舒缓语气便于阅读。骈文的主要特点是要求通篇文章句法结构相互对称，词语对偶。到了南朝，士族名士们偏安江南，政治上已经无心进取，大家便

北朝六边形对鹿剪纸

在书砚笔墨间下功夫，上至帝王，下至臣民都很重视文学。许多词臣云集宫廷，游戏翰墨。宫廷文人的身份决定了他们为人必定"柔媚"，文风也必定"柔媚"。这时骈体文便迅猛地发展起来，进入了全盛时期。

在南朝文人的手中，骈体文的形式技巧比以前更加精密，不仅讲求对偶，还分出了言对、事对、正对、反对诸多类型；每句的字数也趋向于骈四俪六，故又称"四六体"；声律也要求平仄配合，其它还有用典、比喻、夸饰、物色等各种技巧。当时的作家们都喜欢用骈体的形式去写原本应由散体去表达的内容，导致了骈文的畸形繁荣，使骈文成为南朝最具典型性的文体。

在南朝骈体文的发展中，徐陵和庾信起了推波助澜的作用。他们两人都是以写骈文和宫体诗著名。《陈书·徐陵传》中称徐陵为"一代文宗"，说他"每一文出手，好事者已传写成诵；遂被之华夷，宗藏其本"。由此可见其在当时的影响。他们最大的贡献是把宫体诗所运用的讲究声律和注重丽辞的形式特点，移植到了"文"上，发展了骈文。后人将他们的文体并称为"徐庾体"。他们二人中以庾信的成就为高，庾信代表了南朝骈文作者的最高水平，《哀江南赋》是他的代表作。

在整个南朝中，梁朝的文人最多，骈体文风气最盛。《南史·文学传序》中说："时主儒雅，笃好文章"，"才秀之士，焕乎云集"。梁武帝萧衍，昭明太子萧统，梁简文章萧纲，梁元帝萧绎都有文集传世。他们的身边聚集了一大批宫廷文人，著名的有沈约、任昉、陆倕、邱迟、何逊、吴均、刘孝绰、庾肩吾等人，可谓人才荟萃。其中沈约的《修竹弹甘蕉文》、邱迟的《与陈伯之书》、吴均的《与宋元思书》等，都是一时传诵的佳作。代表梁朝骈文最高水平的是江淹，他写的《别赋》、《恨赋》都是文学史上的名篇。

总的来说，南朝的骈文宫廷气息很重，但一些艺术技巧运用得当，有助于增强文章的艺术性。

《文选》编者梁太子肖统早逝

梁中大通三年（531）四月六日，梁东宫太子、著名文学家肖统卒，年仅30岁。

肖统（501～531），字德施，梁武帝太子。未即位而卒，谥号昭明。所以也称他编选的《文选》为《昭明文选》。

梁代时出现了很多作家和作品，中国文学史上各种文学形式进一步发展并且走向成熟定型，文学概念的探讨和文学体制的辨析渐渐精密。文学创作的积累，文体的日益多样化和文学批评的发展，使诗、文的选本也应运而生，现在所能看到的最早也是影响最大的文学总集，就是《文选》。

《文选》一共30卷，收集作家130家，作品514题。编排的标准是"凡次文之体，各以汇聚。诗赋体既不一，又以类分。类分之中，各以时代相次"，把文学作品分为赋、诗、杂文3大类，又分列赋：诗、骚、七、

梁太子肖统

诏、册、令、教等38小类。其中，赋、诗的数量最多。《文选》选录的标准，以著名作家的名篇为主。

肖统的创作观点是"诗者，盖志之所之也，情动于中而形于言"。（《文选序》）。他认为客观事物是"情动于中"的原因，在文学的内容与形式关系上，他主张文质并重，《答湘东王书》中说"夫文典则累野，丽亦伤浮，能丽而不浮，典而不野，文质彬彬，有君子之致"。

肖统在研究文学的范围和作用时，划分了文学与非文学的界线。"经书"、"子书"和历史著作没有收录，《文选》把它们划为非文学范畴，但史传中的赞论序述部分却可以入选，因为它们是"综缉辞采"、"错比文华"之作，合乎选录标准。由于受当时绮靡文风的影响，他认为文学作品应是"事出于沈思，义归乎翰藻"之作，内容要求典雅，形式要求华丽。正是由于他对文学作品的要求只是用典故恰当和辞藻华美，所以他不注重文学作品的作用。

肖统注意文学作品的内容充实，对六朝时盛行的那些内容空虚的艳体诗与咏物诗，摒而不取。虽然由于他过分强调形式华丽而遗漏了一些好作品，但收录的文学作品，大都比较精。《文选》用30卷的篇幅，概括了当时各种文体发展的大致轮廓和代表作品，是后人研究先秦至梁代初叶这七八百年的文学发展史的重要资料。

邓县画像砖制作精美

画像砖、石在汉代曾并驾齐驱，擅美一时，但因石墓耗工巨大，制造殊为不易，所以画像石自汉末战乱年代就逐渐不再流行，画像砖艺术则随工艺的进步继续向前发展，在魏晋南北朝时期又取得新的辉煌成就。

一直以来，画像砖主要被用于描绘墓主生前豪奢淫逸的生活、死后归于极乐的情景，和描绘各种守护亡灵的异兽、引导亡魂升仙的神灵，再则就是表现儒家各种社会伦理道德的人物画和历史故事图。但是，随着求神仙理想的逐步破灭，以及东汉王朝灭亡导致儒家统治的放松，佛教信仰开始在社会上蔓延了。到了南北朝时期，佛教盛行于中土大地，它不仅极大地影响了当时的思想文化领域，也同样极深地渗入了各种艺术范畴里，于是，画像砖从汉代传统题材里解脱出来，在对旧题材适当保留的基础上，以极大热忱投身

邓县出土的南朝牛车画像砖

于为佛家思想服务的领域，出现了大量反映佛教内容的精美作品。在河南邓县的南朝画像砖上出现了神采奕奕的飞天画像，还有生动传神的佛祖化生图像；在墓室里，墙壁和甬道是用精美的莲花纹砖和忍圣图案砖所砌成的；这些内容和图案纯粹是佛教文化的产物，足以反映出当时佛教盛行的情况。邓县画像砖的技艺比以前更为进步，出现了由几块砖砌成一个画面的工艺。比如，墓室内的砖柱下部画的都是小冠大履手柱刀的侍吏，这些画每一幅都是由5块砖（上下两块用砖面，居中三块用砖侧）组成的画面。

徐陵编《玉台新咏》

梁中大通三年（531）七月，太子家令徐陵为太子肖纲编《玉台新咏》。

徐陵（507～583）既是宫体诗人，又是南朝陈代最后一位骈文大家。他最有代表性的骈文作品是《玉台新咏序》，骈四俪六，工巧靡丽，是陈代最"入时"的文章。他的另一些书札文字如《在北齐与杨仆射书》等，以真情实感取胜，生动非常。

徐陵编选了一部古诗选集《玉台新咏》，收录汉、魏至梁的诗歌769篇，分十卷。他在序言中说："撰录艳歌，凡为十卷。"即编选此书的宗旨主要

收录男女闺情艳歌，同时也保存了部分汉、晋时代的童谣。

《玉台新咏》所收录的诗，皆是语言通俗明了，而舍弃深典难懂的。它又比较重视民间文学，如中国著名的叙事长诗《孔雀东南飞》等即首见于此书。其中部分作品表现了男女真挚的爱情并反映了妇女的痛苦，如《上山采蘼芜》《陌上桑》《羽林郎》等，都反映了一定的社会现实。

《玉台新咏》重视南朝兴起的五言四句短诗，收录达一卷之多，对唐代五言绝句这一诗体的发展有一定的推动作用。它选录了梁中叶以后不少诗人讲究声律和对仗的大量作品，有助于研究"近体诗"的成熟过程。书中所收录的杂言诗，可据以了解南朝末年诗与赋的融合以及隋唐歌行体的形成。许多著名的诗如曹植的《弃妇诗》、庾信的《七夕诗》及班婕妤、鲍令晖、刘令娴等女作家的作品，也赖此书得以保存和流传。

《七录》作者阮孝绪去世

梁大同二年（536），著名的目录学家，《七录》作者阮孝绪去世。

阮孝绪（479～536）字士宗，陈留尉氏（今属河南）人。他厌恶功名，一生不做官，唯好读书。13岁时，他已经遍诵五经；成年后，他更是读书成癖，足不出户。阮孝绪清高自许，从不与权贵打交道。他有个亲戚王晏身份贵显，几次到他家里来，他都"穿篱逃匿"。后来王晏有罪当诛，阮孝绪却得到了豁免。他姐姐做了鄱阳王的王妃，鄱阳王几次到他家造访，他"亦凿垣逃"，回避不见。等到他母亲病了，也不用人去叫，自己走了回来。孝敬父母，阮孝绪是有口皆碑的。

阮孝绪博采宋齐以来图书记录，总结前人的目录学成就，仿《七略》、《七志》撰写了《七录》。这本书分内外二篇，又细分为55部，收书6288种，共44526卷，是中国古目录学的名著，在中国图书分类目录学史上有重要地位。

《南齐书》作者肖子显去世

梁大同三年（537），肖子显被授仁威将军、吴兴太守，他到郡不久，患疾而终，年49岁。

肖子显（489～537）是梁朝著名的史学家，字景阳，南兰陵（今江苏常州西北）人，齐高帝肖道成之孙。他的父亲萧嶷，受封豫章王。虽然生长于帝王之家，肖子显却无治国安邦之志，在改朝易代频繁的南朝，这无疑是一大幸事。子显兄弟16人都不问政治，因而齐梁易代之际，都幸得保全。肖子显长得容貌俊伟，风流倜傥，并且不似当时的士族子弟只知吃喝玩乐，他非常好学，文学功底深厚，写得一手好文章。他写过一篇文章叫《鸿序赋》，尚书令沈约认为"得明道之高致，幽通之流"。梁武帝很欣赏他的人品才华，慢慢将他升到了吏部尚书、侍中。

肖子显的主要成就在史学方面。他将流行的各家《后汉书》汇于一处，撰写了《后汉书》一百卷以及《普通北伐记》等，现在都已佚失。他还根据齐檀超、江淹等修的"国史"，参照沈约的《齐纪》、吴均的《齐春秋》等书，撰写了《齐书》六十卷，今称之为《南齐书》。《南齐书》的体例和《宋书》很相似，志传名目稍微有些变动，内容丰富，文笔流畅，简炼隽永。其中州郡志每州之下都叙述地理建置沿革，简述风土人情，有较高史料价值，《南齐书》幸臣传反映了宋齐时皇帝重用寒庶掌握机要这一社会政治现象是史无前例的，魏虏传虽记载有传闻失实之处，但也有北人所撰北朝史书中所没有的资料。不过，萧子显在著作中对他的祖父及父亲未免有些护短滥颂，使史书逊色。

南北朝陵墓雕刻艺术复兴

南北朝时期雕刻艺术盛行，其中一个重要方面是陵墓雕刻艺术复兴。

偏安江南的宋、齐、梁、陈四代帝王，着力恢复汉代陵寝制度，帝王陵墓以石兽、石碑、神道石柱（又称华表）列置于神道两侧，构成特定的纪念性氛围。

宋、齐石刻限于帝陵，地面雕刻仅存石兽，碑与华表都因年代久远而荡然无存。宋武帝刘裕初宁陵今存一对石麒麟，座落在南京麒麟门外，虽有不同程度的残损，但仍保留了基本特征：头顶生角、昂首张嘴，胸颈斜突向前，身躯平正，鼻短而朵颐方正，腿膊生双翼，气概高昂豪迈。这是初创期石兽雕刻的形态特点。

在今南京市存留的南朝石刻

　　齐代石兽雕刻发生了很大变化，兽身向高大发展，雕刻也更加精巧，石兽颈长腰细，胸部鼓圆前突，身躯扭动起伏有腾躣之势。齐武帝景安陵石麒麟，鹅颈裂嘴作吼啸之状，体躯起跃有奔行之势，双翼线刻流畅，鬣须纷披，翼端有长翎，更加强石兽的轻灵感。

　　梁朝陵墓石刻最盛，封陵刻石范围广及王侯。陵墓制度排列严格对称。

陈文帝永安陵麒麟

大到总体对称布局，小到石兽体态动势呼应，即使神道柱额文字也相对而为
正书顺读和反书逆读。石兽的雕刻更突出宏伟豪迈的气势。如武帝陵石麒麟，
昂首天边，雄踞一世；肖宏墓石辟邪，雄视阔步，浑身充满力量，风格从装
饰趋向写实，增加了真实感。肖正立墓前一对石辟邪，注意到两只石兽间的
联系和情感交融，雄性英俊，吐舌扬长而来；雌性略作蹲态，似有所等待，
并着意刻划它丰满、温柔的母性特点，艺术风格在统一中有变化。梁代陵墓

石刻尚存有碑刻和神道石柱，反映了当时吸收国外文化因素，融汇佛教与汉代文化传统所形成的艺术风格。

南朝陵墓雕刻整体气势可与汉代石刻相比，既吸收外来营养又有创新，样式风格之中既有印度、希腊、波斯艺术因素，又仍具汉代石刻遗风，品类更加丰富。

北朝陵墓地面石刻不如南朝风行，今存实物仅有十六国夏的石马，作伫立状，前肢直立，后肢微曲，类似西汉霍去病墓前石马而造型更显骏逸。北朝墓葬石刻还有石棺床、石雕柱础等。北魏敬宗孝庄帝拓跋子攸的静陵中

齐武帝肖赜景安陵 麒麟

齐景帝肖道生修安陵麒麟

有"石翁仲"一具，高 3.14 米，头戴笼冠，褒衣博带，两手拱于胸前，持长剑，姿态神情肃穆庄严，全身比例适度，是魏晋南北朝时期唯一留存至今的陵墓石刻人物造像，上承东汉石人造像，下启唐陵石人造像以至宋陵石雕，具有里程碑的重要意义。

西魏文帝永康陵有翼虎形石兽，造型质朴矫健；北周有石刻蹲狮，造型趋于写实，这一形式的石狮为唐宋陵墓继承发展，直至明清，用以作坟墓以至宫室、石桥雕饰，影响十分深远。

对比南北朝陵墓石刻，可以看到它们的不同特色在于南朝重视墓前石刻以壮观瞻，承接汉文化传统，北朝则将佛教观念更多地反映到墓饰和随葬品中。南方地下潮湿，故多砖墓，画像砖是主要墓饰；北朝则重视石棺雕饰。从艺术风格来看，南朝秀丽、玲珑、活泼，北朝庄重、厚实、质朴。它们的共同特点是上继汉代、下启唐宋，受佛教影响很大。

南朝神柱石雕

谢赫著《画品》

大约南朝梁武帝之时，谢赫著成《画品》一书。谢赫，生卒年不详。南朝齐、梁人、生平事迹不可考。擅长绘画，尤善人物肖象。具有很强的默画能力，只需看一眼便能操笔作画。所绘当时贵族仕女，不囿于成规，具有一定的创新精神。但由于谢赫著作了《画品》，他更以绘画理论家而享誉后世。

《画品》开宗明义阐明该书的宗旨在品评画家艺术之高下，又提出绘画的社会功能为使人为善、促人上进及记载历史事物。特别提出"画有六法"，即气韵生动、骨法用笔、应物象形、随类赋彩、经营位置及传移模写（亦作传模移写）。并用此六法作为衡量画家艺术水平的标准，对上

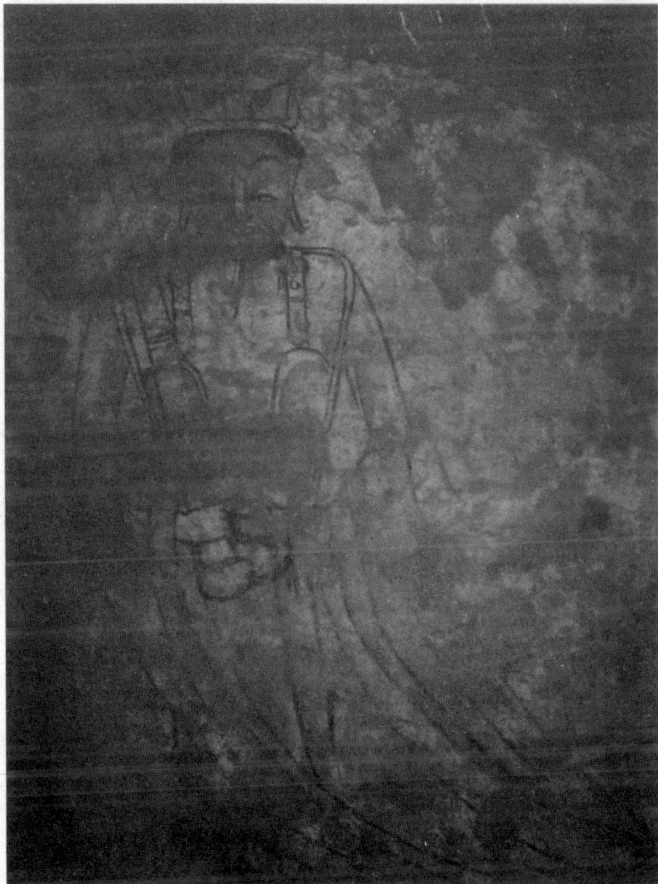

北朝武士壁画。左手执仪刀，作守卫状。画面用墨色线条勾画轮廓，用红色晕染人物面部和衣服边缘及起褶处，以增加人物的立体感。

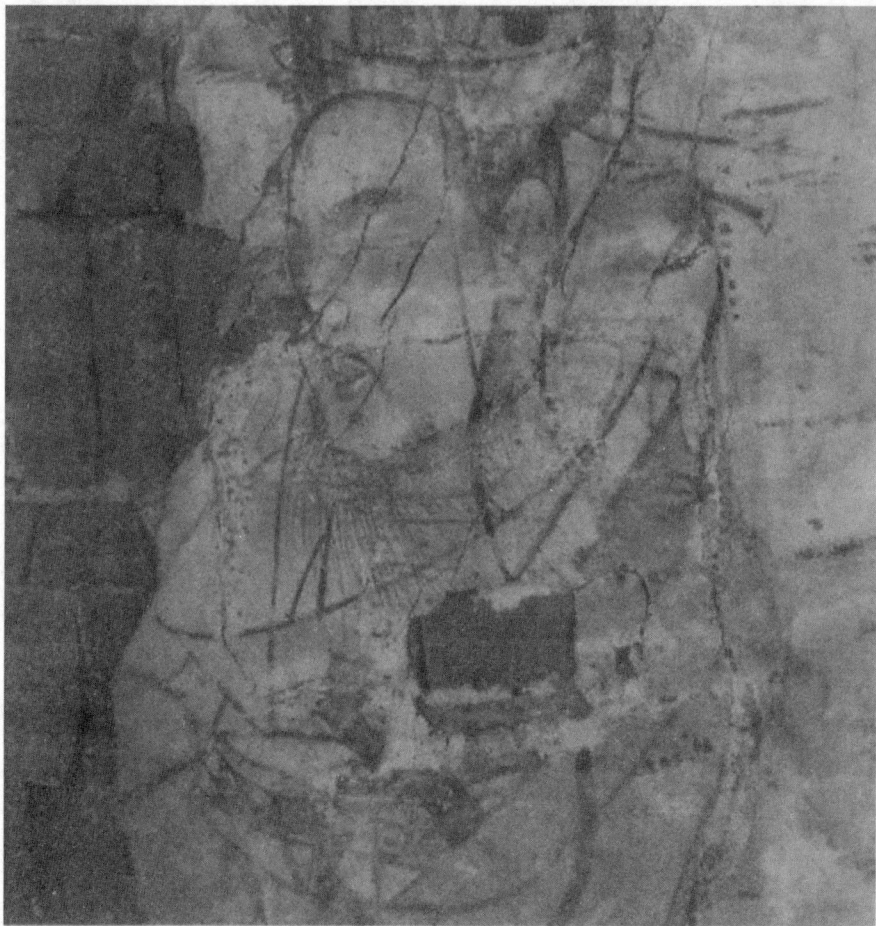

北朝门卫壁画。此门卫头戴漆纱笼冠，簪貂，著浅色宽袖衫，长须飘逸，形貌清秀文静。体现了北朝肖像画的卓越水平，极珍贵。

至三国下迄当时的古今画家27人的艺术优劣高下进行品评，按其优劣分别纳入六品。

谢赫的六法标准与所评的六品之间存在着内在联系，并彼此互相对应。第一品为最高评价，那些达到"六法尽该"、"六法尽善"的画家（如陆探微、卫协等）列入此品。但他把特别以气韵生动见长的画家（如张墨、荀勖）亦列于第一品；第六品评价最低，那些在六法中显示不出任何特长的画家（如宗炳）列入此品；对大多数画家在六法中虽未取得全面成就但却各有所长的，则分别定品，把以骨法用笔见长的画家（如陆绥等）列入第二品；把长于经

营位置的画家（如毛惠远、吴暕等）归入第三品；把以传移模写见长者（如刘绍祖）列于第五品。

谢赫根据自己亲见的作品，列名品评三国至齐梁间的 27 位画家，对他们的题材、技法、师承关系、艺术风格等加以评论，大体是实事求是的，但对其中部分画家的品评有失偏颇，如将顾恺之列入第三品，把宗炳列入第六品，引起后世画品家的非议。继《画品》之后，历代画品著述不断，如梁、隋姚最《续画品》、唐代彦琮《后画录》等，都程度不同地受到此书的启发。谢赫首倡的六法论，也为历代画品家所沿用，并逐渐推广，应用到山水、花鸟等画科，成为绘画的总法则和代名词。但后世对六法的内容和排列次序有所改变，尤其对"气韵生动"，所论每多玄虚，有失谢赫本旨。

《画品》是中国现存最早的一部完整地评论画家艺术的绘画理论著作。书中所倡六法，全面地概括了绘画批评的艺术标准，完整地确立了绘画创作的艺术规范，是绘画美学思想的优秀遗产，对后世影响深远。《画品》也为中国古代绘画史保存了大量宝贵的资料。

相传孔子作《碣石调·幽兰》流传

相传春秋战国时期，孔子游走各国，为推行其政治思想而不懈努力，结果却是不断地碰壁，不得而已，他郁郁不乐地返回鲁国，在回鲁国途中，他看见山谷之间幽兰茂盛地生长在杂草中间，立即联想到自己，作为一个圣贤，满腹经纶，却生活在一群凡夫俗子之间，而得不到发挥。于是，他作了《猗兰操》。

《碣石调·幽兰》是中国古代琴曲，是现今保存在文字谱上唯一的乐谱。其中"碣石调"为调名，其来源是：相和歌瑟调曲中有《陇西行》，即陇西（今甘肃陇西、临兆一带）地方的歌曲，因《陇西行》曾用来填写曹操的乐府诗《观沧海》，而《观沧海》的首句是"东临碣石"，于是人们就改《陇西行》为《碣石调》；而"幽兰"则是乐曲标题。由于乐谱《碣石调·幽兰》前面注有"一名猗兰"，因此人们把《碣石调·幽兰》看作是孔子所作《猗兰操》的变形。《碣石调·幽兰》又相传为南朝梁丘明传谱，后曲谱传到日本，清代末年，其影印本被带回中国。由此，引起诸多琴家的强烈兴趣，并对它进行打谱，至今，小有成就，已有数位琴家可弹奏这个琴曲。

梁武帝再舍身

大同十二年（546）三月初八，梁武帝在同泰寺设无遮大会，讲《金字三慧经》并舍身。四月十四日，公卿大臣用二亿万钱奉赎武帝回宫。接着梁武帝大赦天下，改元中大同。当晚，同泰寺浮图遭火灾。梁武帝认为是妖魔作怪，需要大作法事。于是下诏重建十二层浮图。还没有建成，便逢侯景之乱，不得不中途停止。这是梁武帝在同泰寺第三次舍身。

中大同二年（547）三月，梁武帝又一次到同泰寺舍身，设无遮大会，一

北朝释迦像，白石雕刻，是中国佛教艺术在演变和发展过程中，根据民族传统所作的创造。它已经同南北朝早期佛像清癯质朴的风格有很大差别：释迦佛像气度雍容，表现了明澈、智慧、慈祥的神情。

北魏交脚弥勒菩萨

切仪式照旧。武帝住在寺里长达 37 日。四月群臣拿一亿万钱将武帝赎归。接着梁武帝大赦天下，改元太清。这是梁武帝在同泰寺第四次舍身。从大通元年梁武帝第一次舍身起，共花费奉赎钱四亿万。

梁时设法会必奏法乐，梁武帝在同泰寺设无遮大会时，奏法乐都是必要的仪式。法乐大约在晋时传入，原来包含印度和西域音乐的成份。法乐传到中国后，与汉地音乐结合起来。至迟从梁起，以清商乐为主的法乐就已经出现。

经学家皇侃逝世

梁大同十一年（545），南朝最著名的经学家皇侃去世。

皇侃（488 ~ 545）是吴郡（今江苏苏州）人，东吴书法家皇象的后代。他小时候很好学，拜会稽经学家贺玚为师。得名师指点，进步很大，他很快就通习《三礼》《孝经》《论语》等典籍。皇侃很孝敬父母，据传他每日都要把《孝经》诵读 20 遍。后来皇侃做了国子助教，专门从事讲学。

皇侃像

大同四年（538）十二月，皇侃写成《礼记讲疏》一书，献给皇帝过目。梁武帝很欣赏他的经学才华，曾招他进寿光殿，请他给自己讲解《礼记义疏》，后又封他为员外散骑侍郎，宠信有加。

皇侃是南朝最著名的经学家，死时年仅 58 岁，但他著述勤奋，一生作诸经义疏多达 180 多卷，主要有：《丧服文句义疏》10 卷，《丧服问答目》13 卷，《礼记讲疏》99 卷，《礼记义疏》48 卷、《孝经义疏》3 卷，《论语义疏》10 卷。其中《礼记义疏》、《论语义疏》最受学者重视，对后世的经学研究影响很大。

第一部楷书字典《玉篇》编成

梁武帝大同九年（543），太学博士顾野王奉命撰成楷书字书《玉篇》，成为这一时期以通行的楷书为对象，并打破《说文解字》体例，只释音义，不用六书条例分析字形的字书中的代表之作，成为中国现存的第一部楷书字典。

南北朝时期，楷书经过魏晋的衍变发展，已经走向成熟，成为当时通行的书体。而且在由隶而楷的文字形体演变过程中有大量的新字产生，这都为编撰新的字书以辑录新体新字提出了迫切的要求。

顾野王（519 – 581），字希冯，吴郡吴人（今江苏吴县）。据《陈书》和《南史》的本传记载，他五岁读五经，九岁能写文章，博学多才，精通经史，尤其是天文、地理、文字音义，是南朝梁陈间著名的文字训诂学家。他曾在梁朝担任临贺王肖正德府记实。梁亡后，做陈的国学博士，黄门侍郎。编成《玉篇》时，年仅 24 岁。

他著的《玉篇》分 30 卷，卷首有野王自序和进呈梁武帝之子肖绎的启。《隋书经籍志》和《日本见在书目》都著录《玉篇》是 31 卷，可能序文跟表启曾是一卷。从残留的部分原书来看，《玉篇》比晋吕忱的《字林》完全遵照《说文解字》540 个部首编次的体例，突破更大。首先，与《说文》相较，所分部首有增有减，少哭、延、画、敢、眉、白、飘、饮、后、介、弦 11 部，但增父、云、桑、尢、处、兆、磬、索、书、床、单、弋、丈 13 部，共 542 部，比《说文》多两部。其次，《玉篇》重在实用，析字时先注明读音，后说解字义，释字时又划分义项，义项之下又往往附有书证，先经传，后子史文集，最后是字书、训诂书等，极其详备。因此在编排上主要是按照义类相近与否来确定先后次序，而不象《说文》重在"以形系连"，按六书条例，分析字形结构，探讨字的本义。最后也是最显著的一点是，《说文》收的是能表现原始构形意图的小篆，

而《玉篇》收了当时通行的 16917 个楷体字，比《字林》多 4000 多字，是我国历史上第一部以楷书为对象，以注意释义为主的实用性字典。

《玉篇》在我国字典编纂史上具有重要的地位，是部承前启后的重要著作，它以综合众书，辨别形义的异同，网罗各家训释，最后成一家之言为宗旨，有集大成的性质；而且选择的对象，开辟的体例直接影响了后代汉学字典的编撰。宋代的《类篇》，明代的《字汇》、《正字通》和清代的《康熙字典》等几部重要字典，都是继承《玉篇》的传统进行编写的。

侯景多变

侯景字万景，羯人。他骁勇善战，曾参加过六镇大起义。起义军一显败势，他马上投靠尔朱荣，反戈一击，协助尔朱荣消灭起义军，并因此而获封赏，被任命为定州刺史。高欢起兵攻灭尔朱氏时，他因为年青时跟高欢私交甚好，于是转而投奔高欢。高欢重用他，将他升到河南道大行台（河南最高军政长官）。他在河南成一方诸侯，专制多年，是高欢最得力的助手。

侯景为人自负，多疑善变，反叛成性，平生只服高欢一人。梁太清元年（547）正月，高欢病死，他的儿子高澄继位，想把侯景从河南调回，剥夺他的兵权。侯景一看不妙，马上举兵反叛，用河南 13 州的土地降附西魏。宇文泰老谋深算，对侯景的为人早已了如指掌，他一面派大军接收土地，一面又示意侯景交出军队，到长安来朝见。二月，西魏封侯景为太傅，河南道行台，上谷公。侯景无奈，在东、西魏大军压境的形势下，又谋向南面的梁投降。

这时的梁武帝萧衍已经在江南称帝 46 年，自觉文治有余，武功不足，常想收复中原，成一统大业。听得侯景这个军阀来投降，马上封侯景高官显爵，同时派 5 万大军北攻，牵制东魏兵力。结果派去的 5 万梁军吃了败仗，损失惨重。

太清二年（548）正月，东魏派大将慕容绍宗进攻侯景。侯景大败，走投无路之际，只得率领 800 残兵奔梁。他骗开梁寿阳城门，遂杀守将，据寿阳暂时栖身。肖衍得知，十分恐慌，便任命他为南豫州刺使，让他镇守寿阳。

东魏设计离间肖衍和侯景。肖衍与东魏达成协议：东魏放回梁军战俘，肖衍交出侯景。侯景得知大怒，强行在寿阳招募兵马，于太清二年（548）八月起兵反叛。肖衍得知侯景造反，依仗自己有长江天险，并不放在心上。哪知侯景早已勾结阴谋篡位的肖衍之侄肖正德，二人合谋内应外合。十月肖正德秘密用大船将侯景的兵马接过长江。侯景渡江之后，经两日行军，抵达建康城下，包围了台城（今江苏南京鸡鸣山南）。次年三月台城陷落。侯景在城内大肆屠杀，20多万居民只幸存2000多人，繁华的建康几乎成了一片废墟。梁武帝肖衍忧愤交加，五月在被囚禁的宫中饿死。

侯景专权·荼毒江南

　　侯景在没有进入建康之前，曾立肖正德为帝；攻陷建康，他便一脚踢开狼狈为奸的同党，将肖正德废去。太清三年（549）五月二十七日，侯景立梁太子萧纲为帝，即梁简文帝。六月二十九日，侯景绞杀肖正德，从此大权独揽，为害江南。次年，梁改元大宝。

　　侯景为了把持朝政，拼命地给自己封官。大宝元年（550），侯景自己加封"宇宙大将军"，都督"六合"诸军事。为了立威，侯景滥施酷刑，他命人在石头上设刑具"大春碓"，将反抗的人像春米一样捣杀；还有一种酷刑，就是把人从脚到头一寸一寸斩下来，惨不忍睹。侯景还派兵攻下吴郡、吴兴、三吴这些富庶的地区，大肆劫掠人口卖到北方，使这些地方的人民几乎死尽散绝。大宝二年（551）四月，侯景向西出兵攻荆州，却很不顺利，被荆州刺史、

北朝佛头。此佛头肉髻平缓，面相较瘦削，秀骨清像，是北魏后期典型的形象。

湘东王肖绎的大将王僧辩击退。侯景回到建康，认为立威不足，于是先将简文帝肖纲废了，不久又害死；接着立豫章王肖栋为帝，不久也将他废了。在十一月，侯景自己称帝，改国号为汉，年号为太始。

大宝三年（552），王僧辩，陈霸先连连击败侯景军队，进驻建康城下。侯景见大势已去，跟心腹几十人仓惶东逃。四月，梁将羊鹍将他杀死。王僧辩砍下他的双手送给北齐高洋，又砍下他的头颅送给湘东王肖绎。肖绎饱受其祸，在江陵将侯景的头示众三天，然后煮熟，涂上一层漆，藏在武库里面。侯景的身体被抛在建康街道上，老百姓对他恨之入骨，纷纷争着割来吃，一会儿就被乱刀分尽。他的骨头也被烧成灰，受害的人拿去放在酒里喝下。侯景在江南专权达三年之久，老百姓饱受其害。生产遭到了毁灭性的破坏，富庶的江南白骨遍野，十室九空，田地荒芜，经济凋敝。

宫体诗形成

南朝梁代，梁简文帝肖纲、梁元帝肖绎承继梁武帝肖衍以及宫廷诗人吴均、何逊、刘孝绰开始的辞藻艳发、格调轻靡的诗风，在宫廷诗人庾肩吾、庾信、徐摛、徐陵的附合下，形成轻浮绮丽的诗歌流派，时号"宫体"。宫体诗主要流行于梁后期和陈代，它对完善新体诗的格律形式作出了贡献。

"宫体"之名，始见于《梁书·简文帝本记》。梁简文帝肖纲（503～551）"雅好题诗。其序云，余七岁有诗癖，长而不倦。然伤于轻艳，当时号宫体。"肖纲是宫体诗主要提倡者。在肖纲、肖绎的倡导下，加上宫庭诗人庾肩吾、庾信父子、徐摛、徐陵父子以及稍后的陈后主陈叔宝、江总等人附合下，形成流行一时的诗歌流派。

宫体诗的内容较多描写男女艳情和妇女生活。其中有的模拟南朝乐府民歌，有的则从感官娱悦的角度描写宫庭女性的声色姿态。如肖纲几首咏美人观画、晨妆的诗，因有违儒家诗教温柔敦厚的传统，多被后人批评。此外宫体诗还有许多咏物写景诗，刻画精细，有独到之处。如萧纲《折杨柳》的"叶密飞鸟碍，风轻花落迟"。总的来说，宫体诗的情调流于轻艳，诗风比较柔弱。但肖纲、肖绎也有不少清丽可读之作，至于庾肩吾、徐陵等，更有一些优秀篇章。

宫体诗的诗歌形式，在继"永明体"之后，更加严格讲究声律、对仗和词藻。

而且又吸收了南朝乐府民歌的特点，篇幅较小，以四句、八句、十句为主。如徐陵的《折杨柳》："袅袅河堤树，依依魏主营。江陵有旧曲，洛下作新声。妾对长杨花，君登高柳城。春还应共见，荡子太无情。"篇幅短小，而且对仗、平仄、粘对等已暗合唐代五律。

宫体诗的形式，对诗歌的发展有重要影响。它柔靡缓弱的诗风影响了隋及唐诗歌的风格；它比永明体更加格律化的形式，对后来律诗的形成，又有重要的推动作用；而且它用典多、辞藻秾丽的特点，对后世诗歌创作也有借鉴的作用。

肖绎作《职贡图》

梁元帝肖绎（508 - 554）任荆州刺史时于大同六年前后所作的《职贡图》，真实地描绘了当时外族的人物形象与风土人情，在艺术史上具有重要的价值。此图又称《蕃客入朝图》，原绘有 25 位使者，现传的北宋摹本已残损，仅存使者 12 人，即滑国、波斯、百济、龟兹、倭国、狼牙修、邓至、周古柯、呵跋檀、胡密丹、白题、末国的使者。每一使者像后有一简短题记，记述这个国家与地区的概况与历来交流的史实。图中人物的形态描绘相当准确精妙，并通过不同地区人物各异的服饰装束、颜面肤色、举止形态表现出人物不同

宋摹本梁肖绎《职贡图卷》

的气质、性格和情态。如滑国使者表现了西北民族的特征；狼牙修使者另具一种热带气息；倭国使者身上透露出岛国风情。这张画最重要的成就在于人物面貌的刻画各有千秋，使者们有的文静、秀弱，有的朴质、豪爽，各有显著的性格和地域特征。而不同的人物又都有作为使者的喜悦和恭敬的表情，表现出作者艺术手法上的多样性和统一性。

五岳胜地逐渐开发

南北朝时期，佛教和道教盛极一时，啸傲山林的隐逸之风在士大夫中极为盛行，人们的审美情趣发生了显著的变化，自然界中美的事物受到人们极大关注。高险峻拔的五岳以其独特的自然风姿引起了人们的极大兴趣，人文意蕴开始被贯注于这些风貌别致的自然景观之上，使其作为佛、道种地和观览胜地的价值得以逐渐开发并由此闻名遐迩。

五岳的"岳"字本指高峻的山，在中国古代人的心目中，"峻极于天"的高山是天的支撑点，关乎国祚兴衰，地位十分神圣。位于中原地区东、南、西、北方和中央的五座高山即东岳泰山，南岳衡山，西岳华山，北岳恒山，中岳嵩山被命名为五岳，自古就倍受重视。号称天子的皇帝无不派人或亲临或到五岳祭祀，泰山封禅乃是历朝的旷世大典。

泰山碧霞祠。东岳泰山被誉为五岳之首。

短命王朝

华山莲花峰

魏晋南北朝时期，五岳诸山成了大肆修建佛寺、道观的场所，每"岳"都尊奉一位岳神作为掌管该山的最高神祇，使这些山上的优美的自然景观被赋予兼具佛、道等宗教意义的人文意蕴，成了风景名胜区，吸收了大批信徒前来朝山游览。

东岳泰山横亘于山东省长清，历城，泰安之间，处于中国古代文化最发达的齐鲁平原，因而倍受崇奉，成为"五岳"之首，有"天下第一名山"的美誉。秦始皇、汉武帝都曾在此举行封禅大典，魏晋南北朝以后成为佛教和道教活动的重要场所，隋唐时已有20多所佛寺，以岱庙和山顶的碧霞元君祠最为著名。岱庙之北有历代皇帝登山的御路，贯穿了许多重要景点。泰山西路一带以飞瀑深潭而引人入胜，山上还有"日观峰"、"月观峰"等。

南岳衡山位于湖南省中部的湘江河畔，从衡阳至长沙绵延800余里，主峰72座，其外观像一只展翅的大鸟。这里的佛寺建造始于南北朝，道观也很多，历代是南方道教中心，而且书院众多，从而又构成南方的文化中心之一。衡山供奉的主神为"南岳真君"。

西岳华山位于陕西省华明县境内，主峰落雁峰、朝阳峰、莲花峰鼎足而三，危崖峭壁，深谷幽涧密布，地貌景观以险峻奇突为特色。南北朝时期，就有人在此修建道观，后来一直是道教圣地之一。

北岳恒山在山西省浑源县内，其山势险雄，也是道观居多，建构绝妙的悬空寺位于山的入口处"石门峪"的悬崖峭壁上，近40座殿宇全部由悬挑的大梁支承，可谓世界建筑构造的奇观。而且，这是一座佛寺和道观的混合建筑群，甚至把释迦、老子、孔子供奉在同一殿堂之内，这在中国宗教建筑中是罕见的，它是北魏后期开始兴建的，现存建筑群的主体建于明清时期。

中岳嵩山在河南登封县，山上的佛寺和道观很古老，大法王寺是中国最早的佛寺之一，它兴建于东汉，少林寺是中国佛教禅宗的发祥地，而建于北魏正光年间的嵩岳寺塔又是我国现存最古的密檐砖塔，北魏宣武帝曾在此奉佛讲经，可见在这时期，嵩山的佛教活动已十分兴盛。

肖绎称帝

肖绎（508～554），字世诚，梁武帝肖衍第七子，盲一目，少聪颖，好文学，善五言诗，博览群书，能通佛典，但性矫饰，多猜忌，初封湘东郡王。后任侍中、丹阳尹，普通七年（526）出任荆州刺史、都督荆、湘、郢、益、宁、南梁六州诸军事，控制长江中上游。太清二年（548），侯景叛梁围建康，梁援军自四方至者达二三十万人，而握有实力雄厚的荆州军的肖绎，仅派其子肖方等率步骑万人往救，后迫于舆论压力，又派大将王僧辩率舟师万人增援。台城陷落后，六兄肖纶在郢州（今湖北武昌）被推为中流盟主——都督中外诸军事，将讨侯景。肖绎却派王僧辩率水军万人进逼郢州，纶军溃散，纶逃至汉东，后被西魏擒杀。自大宝二年（551），荆州军在王僧辩、陈霸先率领下屡胜侯景。三年，收复建康，平定侯景之乱，然后，入城后荆州军不但将肖栋兄弟三人沉水溺死，且纵兵蹂掠，浩劫建康。十一月，肖绎于江陵称帝，改元承圣，

北齐车马人物壁画

是为世祖元皇帝。此时，江北诸郡，多被东魏侵占，梁、益二州已并入西魏，雍州一镇也沦为西魏附庸，江陵政权诏令所行，千里而已，民户不满三万。

承圣二年，元帝先平定据有长沙的湘州，长史陆纳，后又邀西魏出兵攻蜀，斩杀举兵东下的梁武帝第八子肖纪于巫峡口。绎称帝后，朝中以王褒、周弘正为首的世家大族主张还都建康，否则与列国诸王无异；而以宗懔、黄罗汉为首的荆州军将却主张定都江陵。绎终决定定都江陵。

承圣三年九月，已经取得梁、益，进而凯觎江汉地区的西魏宇文泰命于谨、宇文护率步骑五万南侵，又得襄阳肖察有助战，十一月江陵城陷，肖绎被执处死。西魏将城中百姓十余万口驱归关中，以肖察为梁王，使守江陵空城，次年，绎子方智在建梁称帝。

庾肩吾卒

庾肩吾（487 ～ 553），字子慎，南阳新野人，梁朝文学家。初为晋安王国常侍，多次随同晋安王肖纲迁镇而同迁转。由于肖纲雅好文学、招纳文士，

天龙山东峰第一至二窟，为东魏高欢摄政时期开凿。图为天龙山东峰第八窟坐佛及左胁侍像。

131

庾肩吾与徐摛、刘孝成等同被赏接，号为"高斋学士"。等到纲成为皇太子时，开文德省，庾肩吾选充学士于省中。萧肖纲继位（简文帝）后，任度支尚书，侯景占据建康台，矫招遣肩吾使江州招降肖大心，乘机逃至会稽，转赴江陵，投奔肖绎。承圣二年（553）年，封武康县侯。庾肩吾以书法名世，著有《书品》，叙述书法源流演变，以九品分别历代书家次第，评论各自特色，颇受后人重视，庾肩吾历任肖纲府中属官，当时宫体诗盛行，为推波助澜者之一。现存诗文，多为应制、奉和、侍宴、谢启一类应酬之作。由于讲究声律，所作部分五言诗已具备五言律诗雏形。

陈霸先建陈

陈霸先（503～559），字兴国，小字法生。原籍颍川，南渡为吴兴长城（今浙江长兴）人，从小家庭贫寒，却好读兵书，初仕乡为里司，后至建康，为油库吏，后为新喻侯肖映传教，肖映当时是广州刺史，于是陈霸先随肖映来到广州，为中直兵参军。因陈平乱有功，被提拔为西江督护，高要太守，不久又因平交州李贲乱事有功，梁武帝肖衍亲自召见他并授予直阁将军，封号新安子，侯景发动叛乱时，陈霸先募集士率3万人，与王僧辩联合讨伐侯景，平定叛乱后，又因功受赏，以功为司空，领扬州刺史，镇京口。

西魏破江陵时，肖绎（梁元帝）死难，陈霸先与王僧辩其迎晋安王萧方智为帝（梁敬帝），北齐趁江南动荡，以大兵临江，强迫以被北齐俘虏的贞阳侯肖渊明替

陈霸先像

代肖方智为帝，王僧辩在这种危急的情况下惧怕北齐过江，加上他有自己个人的打算，所以接受了北齐的要求，当然他这种举动遭到了江南人民的强烈反对。

就在此时，陈霸先乘机从京口起兵偷袭石头城，杀死王僧辩，废掉已被王僧辩拥立的肖渊明，重新拥立肖方智为帝，自此以后，陈霸先是借自己的文韬武略，有力地击却了北齐的南下侵略，铲平了王僧辩余党的反叛行为，在自己地位巩固后，陈霸先矫诏封自己为陈公，不久以后，又进封自己为陈王，最后，陈霸先在557年十月六日，逼迫自己拥立的肖方智让位于己，梁朝至此灭亡，共历四帝五十六年，十月十日，陈霸先称帝，国号陈，建元永定。

冼夫人治岭南

冼夫人，高凉（今广东阳江西）人，高凉洗氏，世世代代为南越首领，其部落下属有十余万家。洗氏自幼贤明大义，在邻里乡居中有很高的威信，并且能行军用师，抚循部众，高凉太守冯宝与之结为夫妻，冯宝原本是北燕的后裔，后投奔宋，留居在新会，冯宝祖父冯业至宝四代为守牧，但他乡羁旅，号令不行，冯宝娶了洗夫人后，洗夫人颁布诫约，约束本宗的行为，使跟从的百姓形成有礼貌的习惯。每次与夫君在一起参与审理有关诉讼案件，首领有犯法的人，即使是与自己有关的亲族，也不会轻松地包庇。自此以后，政令有序，人莫敢违，陈永定二年（558），冯宝死了，岭南于是开始大乱。

洗夫人在岭南动乱中代掌岭南

冼夫人像

133

诸事，怀集百越，数州晏然，维持了一个好的社会秩序，当时他的儿子冯仆才九岁，洗夫人派遣冯仆率领诸酋长入朝，后拜阳春郡守。太建二年（570），广州刺史欧阳纥在岭南谋反，诱使冯仆与之一起作乱，洗夫人发兵拒守，率领诸酋长迎接陈官军章昭达，欧阳纥未能抵抗，于是溃败，朝廷派使者册封任命洗夫人为高凉郡太夫人，一如刺史之仪，自陈代到隋文帝杨坚初平江南之际，洗夫人一直是稳定珠江流域政治局面的重要支持力量。

陈霸先设无遮大会侯

　　侯景叛乱反梁时，建康佛教寺院经常遭兵乱搔扰，以至大多变为废墟，陈霸先称帝之初，即有意复兴佛教。

　　南齐时，僧统法献于乌缠国得佛牙，藏于建康定林上寺，梁天监末，归摄山庆云寺沙门慧兴保管，慧兴临终，交给其弟慧志，承圣末江南动荡，慧志密送之于陈霸先，陈霸先于称帝后第5天，也就是永定元年（557）十月十五日，即从杜姥宅取出佛牙，设无遮大会，亲临膜拜，不久，又修复建康被毁佛寺700所，造佛像100多万躯，以及陈氏先祖等身檀像12躯，次年（558）五月二十九日，陈霸先更效仿梁武帝肖衍，往大庄严寺舍身，三十日，群臣表请还宫，十二月五日，又亲往大庄严寺设无遮大会，舍乘舆法物，群臣备法驾奉迎，即日还宫，后来，陈叔宝（后主）亦曾往弘法寺舍身，君主带头崇佛，臣民自然竞相仿效。于是，佛教很快在陈朝复兴。

南北朝学风数起数落

　　魏晋南北朝是中国古代教育发展的一个特殊时期，在诸多因素影响的合力下，学风数起数落，教育经历了多次兴衰废存的反复。

　　魏晋南北朝前后400年间，政权松懈导致思想相对解放，有利于多元性文化格局的形成，这一时期的教育也呈现出多元性、多变性的特征。加上帝王的好恶直接影响着教育的兴衰。对人治为本，崇尚教化的帝王来说，教育极端重要，因而魏晋南北朝时期的开国之君大都以弘广礼教、标榜正统为手段，稳定和巩固政治统治，梁武帝肖衍，魏文帝元宏等大力提倡学术文化，

宋摹本北齐校书图卷（部分之二）

成为当时文化教育繁荣的直接因素之一。而浓厚的门阀家族观念则以士族的好恶左右着学风，在这世家大族垄断政治的时代，他们不屑与寒士同流，因而官学有名无实，有教无功，扼制了教育的发展。但门阀士族的家学传袭，在战乱和官学废驰时，保存了文化遗产，相反能成为平宁之初恢复旧学，重振教育的重要因素。魏晋南北朝佛、道盛行也对教育的盛衰产生了显著的影响。首先，佛道的哲理深化了传统的教育观念，其讲经论道的方式又丰富扩大了传统教育的教学手段和途径，削弱了儒学作为教育内容的独尊地位，有利于教育的多元化发展，但是在促进儒学义理深化的同时，佛道又助长了虚无浮荡的学风，又成为六朝士风颓败，学业不振的重要原因。此外，在六朝尊佛崇道之风中，大量的社会财富被耗费在兴修寺塔，滥造佛像上，教育的物质基础被大为削弱。在这些因素的合力下，魏晋南北朝的教育沿着魏晋与宋齐梁陈等汉族政权的教育沿袭、和肇端于西晋永安元年（304）刘渊胡汉政权建立至581年北周政权灭亡为止的北方少数民族政权的汉化教育两条主线，经历了三次大的起落而发展的。

宋摹本北齐校书图卷（部分之一）

　　曹魏黄初五年（224）与宋元嘉十五年（438）间，出现了第一次起落。220年曹丕称帝，为了制造国泰民安、社会升平的虚幻景象，于224年重建太学，恢复汉制，置博士，制订五经课试的办法，结束了东汉末年以来学道废弛的局面，崇儒尚学的风气重新出现，正始（240～248）以后，经学衰微，礼教崩弛，玄学滋盛，晋太始八年（272），太学生员曾达到7000多人，咸宁四年设国子学，接纳"贵游子弟"入学受教，太康五年（284）重修明堂、辟雍、灵台等学宫。这些官方教育措施虽多为粉饰太平，客观上却起到了维持教育的作用。持续16年的"八王之乱"和不久发生的"永嘉之乱"，使洛阳城变为一片瓦砾，西晋官学设施被完全废绝，河洛大儒逃散殆尽。东晋建国后虽几经努力，但终未出现教育复兴的势头。

　　在晋末危乱之世，南朝宋武帝刘裕建立了刘宋政权，长江流域得以相对安定。永初三年（422），刘裕颁布兴学诏令，打算选拔和训练后备文官，弘

扬并振兴文化教育。虽因命终而未及施行，但其振兴文教的思想对教育发展产生了直接的影响。其继承者宋文帝刘义隆喜好儒雅，博涉经史远远超过刘裕。元嘉十五年（438）开置儒学馆，聘请名儒雷次宗、朱膺之、庾蔚之作为主教。第二年陆续设置了玄素学、史学、文学馆，这四学的创立，是中国古代专科教育的发韧。同时表明，刘宋政权兴学的宗旨乃是在崇尚儒学的同时兼容玄学、老庄学说，以及历史、谍谱、诗赋的学习和研究，这是由当时的社会历史状况所决定的，它促进了社会文化的全面发展。宋文帝元嘉十九年的兴学诏令，将教育复兴的势头推向了高潮，诏书中阐明了教育为立国之本的宗旨，这年年底，又下诏修复战乱中毁弃的阙里黉校，州郡学校开始振兴，次年恢复国子学，鼓励贵胄子弟入学，文帝本人多次亲临学馆，策试诸生。教育一度昌盛，元嘉二十七年国子学罢置后，学校时兴时废，总的说来，刘宋时期的教育比曹魏时繁荣得多。453 年，宋文帝被太子所杀，政权又一次陷入混乱，教育事业又趋衰微。南齐肖道成称帝以后，也作过复兴教育的举措，但君臣荒淫昏愦，没有形成势头。因而自南朝宋元嘉十五年（438）至梁天监四年（505）间是教育的第二次起落。

宋摹本北齐校书图卷（部分之三）

自梁武帝天监四年（505）起，笃学的梁武帝肖采取了许多振兴教育的举措，使文化教育事业空前繁荣，达到了魏晋南北朝时期教育发展的最高潮，他在505年的兴学诏令中总结了汉魏以来社会治乱和教育兴衰的经验和教训，命令广开学馆，招纳后进，并推行了一系列州郡立学的措施，他崇儒、崇佛而又兼容道教，主张三教合流，提倡争鸣，使学风相对自由，从而产生了一大批杰出的文人学者。然而梁武帝的佞佛尊道，又使大量的财富耗费于兴建寺院，常常使得教育经费不继，南朝教育在陈朝最终没落，这是六朝的第三次起落。

304年匈奴人刘渊建立汉政权，少数民族的汉化教育开始。北朝教育大致经历了两个阶段，第一阶段从北魏道武帝天兴二年（399）开始，孝文宣武帝时达到鼎盛，到永熙三年（534）北魏政权分裂告一段落。东西魏以后的北齐、北周二朝是北朝教育的第二阶段，但因国祚短促，征战频繁而无建树。

庾信改变诗风

庾信（513～581），字小山，南阳新野（今属河南）人，其父庾肩吾是梁朝宫廷文人。他早年仕梁，任肖纲的东宫抄撰学士，写作了一些风格绮艳的"宫体诗"。梁元帝承圣三年（554），庾信奉命出使西魏到长安。出使期间，西魏军队攻陷梁都江陵，庾信被强留在长安，历仕西魏、北魏、北周。庾信到北朝以后，也写有一些奉和应酬的诗作，仍是原来宫体诗的风味；但由于去国怀乡，屈事二姓的内心痛苦，他的诗风渐变为苍凉悲劲，一洗宫体诗的浮艳，以南朝诗歌积累的纯熟技巧，结合北地民歌的质朴刚健，开拓出文人诗歌的新境界。最能体现他后期风格转变的，是他的代表作《拟咏怀》27首。

《拟咏怀》是拟阮籍《咏怀》而作，采用隐晦曲折的手法，大量化用史事典故，抒发作者羁留难归的哀怨之情，表现了作者身仕北朝，怀念故国的身世感慨，风格刚健沉郁，一洗他前期宫体诗的冶艳绮靡。如第4首的"楚材称晋用，秦臣即赵冠。离宫延子产，羁旅接陈完。寓卫非所寓，安齐独未安。雪泣悲去鲁，凄然忆相韩。唯彼穷途恸，知余行路难。"屈辱、无奈之情溢于言表。又如第26首："秋风别苏轼，寒水送荆轲。谁言气盖世，晨起帐中歌"。既哀怨又无奈，悲凉苍劲。

庾信入北后还写了一些五言四句小诗，也一改南朝小诗的清丽委婉，变得沉

郁悲凉。如《重别周尚书》的"阳关万里路，不见一人归。唯有河边雁，秋来南向飞"。又如《寄王琳》的"玉关道路远，金陵信使疏，独下千行泪，开君万里书。"

同时，北地边塞的风沙，北地辽阔悲凉的景色，也常常出现在庾信后期的诗作中，成为他悲苍刚健诗风的一部分。如《拟咏怀》的"阵云平不动，秋蓬卷欲飞"、"流星夕照镜，烽火夜烧原"，等等。

南北朝时期，传统文学中心在南朝，北朝除乐府民歌外，文人诗坛一直较沉寂。直到庾信入北，这种局面才出现变化。庾信后期的诗歌，以南朝诗歌纯熟的技巧，描写深沉悲郁的乡关之思，融合了南朝诗歌的精密华美和北地民歌的质朴刚健，使沉寂的文人诗歌出现了崭新的局面。而且，庾信后期的诗作，在诗歌格律方面也成就很高，初步具备了唐代格律诗的格局。

肖庄即帝位

等臂秤。北魏时期的敦煌壁画（局部），内容描绘的是佛教经变故事"尸毗王割肉贸鸽。"图中称量的衡器，为我们提供了中国最早等臂秤的图形资料。

139

557年10月10日，陈霸先（陈武帝）即位，王琳占据郢、湘、江3州。558年正月，王琳向北齐求援，请求在北齐为人质的肖绎之孙永嘉王肖庄来主持梁国的事务。558年3月，北齐派遣年仅11岁的肖庄到江南，于是王琳立肖庄为帝，同时定都在郢州。559年6月，陈霸先卒。11月2日，王琳联合北齐兵力一起进攻大雷大破陈军。与此同时，北周见王琳已经率兵东下，乘机派兵袭击郢州和湘州二地，王琳军得知这个消息后，军心大为动摇，士气也为之低落。陈天嘉元年（560）二月十四日，王琳军队由于军心涣散被陈军击败，军中士兵死亡惨重，几乎全军覆没，同时，与王琳军结为联军的北齐援军也死亡了十之七、八，王琳携带妻妾侍从10余人，连同肖庄一起投降北齐，就在此时，陈军乘胜追击西上，收复了失去的江、湘、郢3州，到这个时候，陈政权才基本上稳固下来。

髹漆工艺出现新突破

漆器自发明以后一直作为日用器物广为流行。魏晋南北朝时期，陶瓷制品大规模发展应用，漆器逐步转化为观赏性的工艺品，同时期佛教的流行也为髹漆工艺提供了广阔的用武之地。因此，这段时间为髹漆工艺出现了新的突破，创造出新的工艺和新的器物品种。

这一时期，极大地发展了夹苎制造法。夹苎漆器是用粗麻布浸漆裱糊在泥胎上，层层敷贴，少者七、八层，多者可至20层，待漆干透之后，脱去泥模，剩下的硬壳即为夹苎。夹苎漆器发明很早，战国时就已出现，汉代更是大量运用，只是直到魏晋以后，佛教兴盛，才开始用于佛像制作。

自东晋至北魏，崇佛行为日益发展，每至佛教节日，常要将佛像用辇舆抬出寺外游行，即所谓行像供养。这种佛像要求既高大，又要轻便易于扛举出行，所以用夹苎脱胎方法制造的空心佛像便盛行一时。这种夹苎行像据传是东晋著名雕塑家戴逵首创，到南朝时期，已能制造五六米高的夹苎脱胎贴金大佛像了。

当时还出现了新的色漆品种，如斑漆和绿沉漆。斑漆可以说是后世漆工艺中变涂技法的前身。其法是用几种色漆交混形成斑纹效果，或用深浅不同的同色漆产生斑纹效果，以达到天然纹理般的艺术效果。绿沉漆则是一种极

为名贵的新品种。在三国以前，漆色多为黄、黑、红等色，绿沉漆的出现无疑使漆器面貌焕然一新。它因色泽深绿、如水深处的深沉雅静而得名。因为制作不易，格调又高雅脱俗，在两晋南北朝时期，绿沉漆一直是王室豪族才能使用的珍贵之物，晋代著名书法家王羲之曾得人赠送绿沉漆笔管，欣喜不已，认为其价不亚于金雕铜镂的名贵笔管。直至宋代，为臣者拥有大型绿沉漆器，仍被认为是过于豪华奢侈的。

自曹魏时期，漆器绘制中便出现了新的工艺，即用密陀僧调油色作画的密陀绘。密陀僧一物自波斯国传来，其实是炼银时余下的氧化铅，入油调色作画能便画面速干。这种密陀绘的发明使得漆器的制作可以比以前更为快速高效。因为一件漆器在制作过程中，须经多次人涂漆，而漆的阴干速度又极慢，只要画面稍有未干透处，再上漆时便会引起漆面皱缩剥离，导致前功尽弃。密陀绘使漆面快干，是一件极有用的发明。

总之，在魏晋南北朝时期，无论是绘画的技艺，还是漆器的髹饰工艺，都比前代有了长足的进步。当两者相结合时，便产生出了璀璨夺目的漆工艺品。最能显示其美术和工艺的综合水准的，莫过于大型的彩绘漆器了。山西大同的北魏墓出土的一具彩绘漆屏风，是这个时期的一件优秀的代表作品。屏风画面端庄厚重，以红漆为地，用橙、黄、绿、白蓝、黑等各种色漆绘满了古圣先贤和列女故事，令人物衣饰考究，器物描绘精致，而且画面设色之丰富，为前代所无，颜色配搭也和谐得体，足以反映出当时的漆器工艺和彩绘水平。

留异兴兵

陈天嘉二年（561）十二月，缙州刺史留异兴兵反陈。

留异（？－564）是陈初江南豪强，东阳长山（今浙江金华）人，其家族在当地颇有声望和势力。梁时，留异任晋安、安固二县令，"多聚恶少，凌侮贫贱"，行为不端。梁末侯景之乱起，他效力于侯景，被委任为东阳太守。侯景败后，朝廷因顾忌留异是地方一霸，不敢对他轻举妄动。梁绍泰二年（556），还加封他为缙州刺史，仍任东阳太守，并且封为永兴县侯。后陈霸先称帝，也将其侄临安王陈蒨的长女丰安公主嫁给留异的第三子，借以笼络他。永定二年（558），朝廷调留异为南徐州刺史，留异知朝廷有调虎离山夺己根据地之意，便拖延不往。

　　陈文帝（陈茜）即位（559）后，留异表面对朝廷臣服，暗中却与割据势力王琳相勾结。天嘉二年（561），王琳败，陈文帝派左卫将军沈恪取代留异职位，准备用武力夺取东阳。留异知朝廷必将讨伐自己，便于十二月兴兵造反，击败了沈恪，并屯兵下淮及建德（富春江东西岸），守住水路以防不测。陈文帝改派南徐刺史侯安都讨伐他。翌年（562）闰二月，江州刺史、豪强周迪起兵响应留异，闽州刺史陈宝应是留异的女婿，也背叛朝廷，派兵支援留异。

　　留异坚守水路，以为官军必定从钱塘江而来。天嘉三年（562）3月，侯安都却从陆路由诸暨至永康，距东阳仅百里。留异大惊，逃奔桃枝岭，大败于侯安都，与其子忠臣脱身逃往晋安（今福建泉州）投奔陈宝应；其妻及余子皆被俘。侯安都尽收败军铠甲兵器而还。留异的根据地东阳由此归陈。

　　天嘉四年（563）正月，安成王陈顼破周迪军，周迪亦往晋安投陈宝应，后又复出。十一月周迪兵败，逃入山谷隐匿。到天嘉五年（564）十月，周迪再度兴兵，势力又盛，而此时陈宝应也连战大捷，士气亦旺。但不久以后的十一月，朝廷军大破陈宝应军。陈宝应、留异被擒，斩于建康。次年（565）七月，周迪兵败身死。至此，历时五年的"留异之乱"方全部平定。为扫平叛乱，陈王朝出动了中央和地方数十万大军，元气大伤。

陈顼夺陈帝位

　　陈太建元年（569）正月初四，安成王陈顼夺陈帝位，为陈高宗宣皇帝。

　　陈顼，字绍世，小字师利，武帝陈霸先兄次子，陈文帝茜之弟。永定三年（559）封安成王。陈茜与北周交战时，江陵沦陷，陈顼和武帝之子陈昌同时被俘，押解到北周境内。武帝去世时，皇子陈昌还未被放回，朝廷不得已而拥陈茜（文帝）即位。天嘉三年（562），北周将陈顼释放回建康，朝廷对他委以重任，授以侍中、中书令、中卫将军等官职，后又升迁扬州刺史、骠骑将军、尚书令。

　　文帝去世后，太子伯宗年幼即位（即废帝），陈顼与仆射到仲举、中书舍人刘师知、阴不佞等并受遗诏辅政。陈顼既为皇叔，又兼宰相，位高权重，对皇位颇有觊觎之心。光大元年（567）二月，刘师知、到仲举欲罢除陈顼尚

陈室帝陈顼像

书令之职，使其专为扬州刺史。陈顼抢先和太皇太后勾结，将刘、到二人逮捕下狱，发动政变，把军国大权尽抓在手。光大二年（568）十一月，太皇太后下令，借口废帝伯宗与刘师知、华皎等通谋，废伯宗为临海王，而立安成王陈顼。

次年（569）正月，安成王即帝位，改元太建。陈顼夺帝位成功。

真谛圆寂

陈太建元年（569）正月十一日，西天竺高僧、佛经翻译家真谛（499～569）在广州圆寂，享年70岁。

真谛梵名波罗末他（Paramartha），原名拘罗那陀（kulanatha），西天竺优禅尼国人，原为无著、世亲的弟子。梁中大同元年（546），真谛携带大批经卷由海道来中国，在南海（今广州）落脚。太清二年（548），真谛应梁武

北朝兴国寺佛缘。兴国寺始建于东魏，今视造像风格，该佛像当为北朝遗物无疑。

帝邀请到建康。后因侯景之乱，流寓岭南。陈天嘉三年（562），广州刺史欧阳颛迎他到制旨寺译经，先后共译佛教经疏 64 部、270 余卷（又说为 38 部、118 卷或 49 部，142 卷）所译经论主要属大乘瑜珈学，其中《摄大乘论》，对我国佛教发展有深远影响，后世因而形成摄论师学派。

真谛首次将无著、世亲派的大乘教义介绍到中国，成就甚大，因而他与鸠摩罗什、玄奘并称为我国佛教三大翻译家。

南北朝寺院经济势力达到顶峰

南北朝时期，寺院经济高度发展，并最终达到顶峰，直接影响国家经济命脉了。

两汉之际传入中国的佛教，在北方，北魏中期以来由于文明太后和孝文帝的提倡而开始兴盛，云冈石窟就是在这种情况下大规模开凿的。北魏迁都洛阳后，佛教进一步兴盛，由于胡太后的倡导，全国兴建寺院，半世纪前僧尼只有 8 万人，此时却激增到 200 万人。北魏末发生了尔朱荣之乱，洛阳的王公贵族以至胡太后、孝明帝都死于动乱中。从天堂跌入地狱的人生巨变，使得佛教的轮回报应之说越发被人笃信。从此，北魏出现空前的佞佛局面。进入东西魏和北齐、北周后，北方又重陷战乱，使佛教越发兴盛。到北齐、北周时，北方寺院达 4 万所，僧尼 300 万人。在南方，南朝肖齐时期的竟陵王肖子良笃信佛教，佛教由此兴盛，到肖梁时期，佛教由于梁武帝的大力弘扬而达到极盛。在当时的都城建康，有寺院 700 所；全国有寺院 2846 所，僧尼 82700 人。

寺院势力的扩张使南北朝的寺院经济得到发展。南北朝以前，寺院开支来源是帝王官僚的捐助施舍；没有形成独立的经济力量；到了南北朝，寺院开始积聚财富并独立经营生产。南北朝寺院经济组成主要包括田产、劳动力及主要通过生产和收租放贷获取的财富。寺院的劳动力有广大僧众及寺院佃户，还有北方的佛图户和僧祇户，南方的白徒和养女。为寺院服役的世俗男子称白徒；为尼寺服役的世俗女子称养女。南北朝寺院经济生产主要是吸引大批役户充当劳动力以经营园林山池和土地，寺院土地上的收获物是寺院经济的主要来源。寺院势力的强大促进了寺院经济发展，同时寺院经济的发展

北朝陶女立俑

又使寺院势力不断加强，并最终形成了与国有经济相抗衡的经济力量。

首先，由于寺院佃客、役户增多，导致了国家编户齐民人口减少，以至发展成政教的户籍之争；在寺院经济的经营中，寺院上层人物，即寺院地主与世俗地主的分别越来越小，与下层僧众和役户的矛盾也日益加深；寺院经济与国家经济的冲突也逐渐加剧。在南方，由于僧尼人数不多，未能对国家经济构成威胁，因而，南朝没有出现禁止佛教的事件；在北朝，僧尼人口众多，寺院经济严重威胁了国家经济，最后导致了北周武帝灭佛事件。

南朝情歌绮艳

情与歌是南朝乐府民歌的主体，主要在东晋、宋、齐三代产生和繁荣。南朝的乐府民歌大多数是绮艳的情歌，这和江南的自然条件和文化传统密切相关，江南带山秀水，江南人亦没有北方人的粗犷直率，故而写出的情歌大多委婉、含蓄。南朝的乐府民歌流传下来的近500首，大多收集在宗代郭茂倩的乐府诗集中，主要分为吴声歌和西曲歌，其中吴声歌326首，西曲歌142首，产生于长江流域和汉河流域。吴声歌和西曲歌的内容全是艳曲情歌，大多出现于女子之口。一般说来，南朝情歌体裁短小；语言清新自然，明白为话，通俗流丽，修辞上多用双关，想象生动，抒情含蓄，构成了缠绵婉转的格调，又有浓郁的生活气息。代表南朝情歌艺术上最高成就的是西洲曲。乐府诗集将这首抒情长诗归在"杂曲歌辞"中，长诗描写一个女子向远在西洲的情人倾吐相思之情。作者善于借助景物的变化来刻画这个女子的情感起伏。全诗运用双关语接字等修辞，构成了缠绵为尽、委婉细腻的情调，是南朝情歌中艺术手法最有成就的作品。

中国人口锐减

从东汉末年到南北朝末期，前后不到450年的时间内，中国人口锐减。从东汉桓帝永寿三年（157）的10,677,960户，56,486,856人，锐减到南北朝末约4,500,000户，约11,000,000人。造成这段时期内人口锐减的主要原因是

北齐上官僧度等造像碑

几乎未间断的战乱，此外还有自然灾害和疾疫。

东汉末年，董卓撤离洛阳时，曾亲自带兵士将宫室及宗庙府库人家焚毁，并把城内外数百万人迁往长安。途中颠沛流离，被迁人民病死饿死的不少。董卓死后，其部将李傕等兴兵作乱，二、三年间，关中一片荒凉，人迹罕见，曹操诗中所写的"白骨露于野，千里无鸡鸣"正是当时惨景的真实写照。此后军阀混战，各据一方，盗贼横行，百姓死亡将近一半。而且地方政权失去作用，农业生产经常停顿，致使无粮产出，到处饥馑，不少百姓活活饿死。

到了三国鼎立时，虽各政权内部保持相对稳定，但三国之间的战争没有中止过。到三国一统于西晋时，即280年，全国人口已降至2,459,804户，16,163,863人。比之东汉桓帝时，人口总数下降近70%。西晋统一后不久，"八王之乱"战争重开，紧跟着十六国之乱，汉族政权与少数民族、少数民族政权之间，战争打了足足130余年。随着战乱而来的是长时间的灾荒和疾疫。一次幽、并、司、冀、秦、雍六州闹蝗灾，颗粒无收之际，人们只能以草木充饥，最后竟连牛马毛都吃光。这130余年间祸不单行，战乱、灾荒、疾疫合力令全国人口持续减少。到了南北朝时期，南北对峙，形势稍微稳定，并止住了人口滑坡，南北朝中期时，人口增加到约5,900,000户。而到了南北朝后期，各政权间战争频繁，人口又减至约4,500,000户，11,000,000人。随着隋朝统一全国，人口锐减的趋势才刹住。到了隋炀帝大业二年（606）人口户数增至8,907,536户，46,019,956人，但仍只及400余年前东汉人口的约90%。魏晋南北朝时期的天灾人祸导致人口锐减；人口的锐减又使社会政治、经济受到重大影响。

中国政治由三公九卿向三省六部制过渡

中国封建社会的政治体制从秦汉时的三公九卿到魏晋南北朝的三省六部制的发展和演变，使职能和分工趋向合理，皇权不断加强。

秦汉设三公九卿执掌政务，统管百事。秦有御史大夫和太尉、丞相辅佐皇帝，汉武帝时并称三公。汉武帝为削弱丞相权力，设大司马，位居丞相之上，汉成帝绥和元年（前8）将御史大夫改为大司空，又把大司马、大司空的俸禄提高到与丞相相等，从而确立鼎足而立的三公制。哀帝元寿二年（前1）又改丞相为大司徒。东汉初仍设三公，改大司马为太尉大司徒；大司空为司徒、司空，其中太尉位居首位。九卿是三公之下的官吏,东汉把太常、光禄勋、卫尉、太仆、廷尉、大鸿胪、宗正、大司农、少府定为九卿。

三省是魏晋南北朝的中央最高政府机关,称尚书省(台)、中书省、门下省,其中尚书省下设吏、户、礼、兵、刑、工六部。

尚书省,始名尚书台,它由汉代皇帝的秘书机关发展起来的。汉初,尚书是九卿中少府的属官,因其在宫中主管收发文书并保管图籍,而称尚书。汉武帝刘彻时,皇权强化,政事不专任丞相和御史大夫,尚书因主管文书、省阅奏章,传达圣旨,地位逐渐重要。汉光武帝刘秀鉴于西汉末年的重臣专权,有意削弱三公高位,实权逐渐移于尚书,其时尚书机构称台,主管文书起草,成为政府的中枢,号称中台,人说"天下枢要,在于尚书"。但终汉之时,尚书台仍然是少府的下属机构。三国时,尚书台正式脱离少府,成为全国政务的总枢,随着尚书台地位的上升和权力的加强,引起皇帝的猜疑,

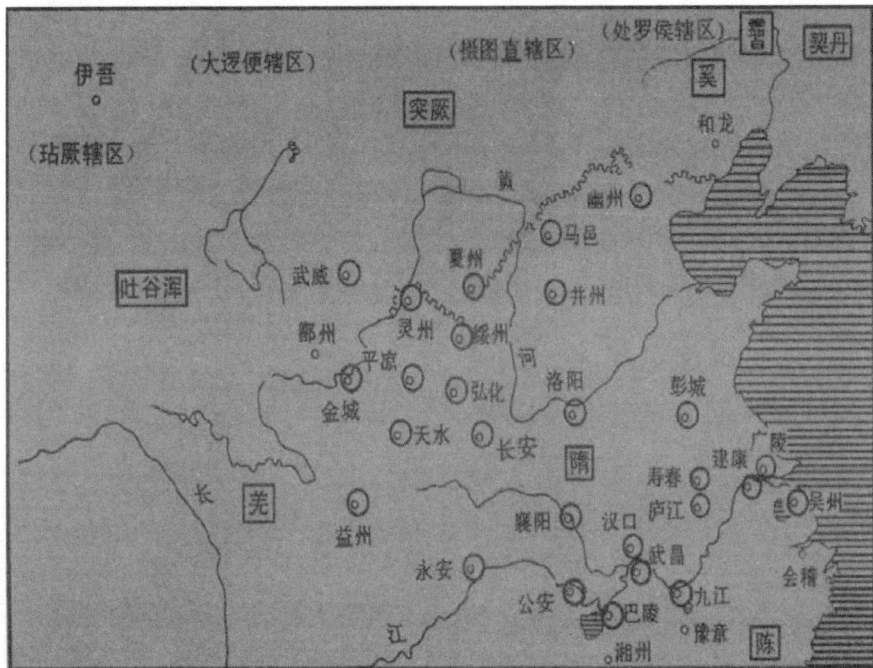

南北朝末期形势图。隋灭陈标志着二百多年南、北朝分裂战乱局面的结束。图为南北朝末期形势图。

因而其权力开始受到限制。曹操称魏王时置秘书令，典尚书奏事，其子魏文帝曹丕改秘书令为中书令，又置中书监，主管机密，下统中书郎若干人，组成中书省。于是在尚书台之外复有中书省，而原来作为皇帝侍从的侍中逐渐成为参预机密的要职，尚书台失去独占机枢的地位。但由于全国政务首先集中到尚书台，因此它作为全国行政中枢机构的趋势仍在发展，执政重臣也要加上录尚书事的头衔，才能过问机密。东吴仿曹魏，尚书、中书并置，蜀汉则沿袭东汉，尚书权倾朝野。西晋因袭曹魏，以尚书台总掌朝政，另置中书、门下二省分其权。到南朝时中书舍人专任机密，尚书省的实际地位更为下降，中书省主要负责政策、诏书的起草，门下省负责审核朝臣奏章，中书、门下二省都设在宫内。尚书省设在宫外，主要负责政策的执行，下设六二十四司，户部负责财政，吏部掌握官吏的考核、升迁，礼部掌礼仪及贡举，兵部主管军队和武器，刑部负责狱辞诉讼，工部管理工程建设，全部政务，各归所司；而原来的九卿则成为具体办事的职能机构。贯彻尚书省下达的政令，地方州、县禀承尚书等令施政，并定期向尚书省汇报政绩，故尚书省仍是国家政事的枢纽，是最高行政机构。

在三省六部制确立之时，三公的权限大为削弱。汉光武帝刘秀为了集权，只承西汉名义上的三公，其权则由尚书台掌握，后来外戚、宦官专权，又设大将军。大将军开府设官，位在三公之上，三公不仅受制于尚书台，还必须俯首听命于外戚、宦官，皇帝常把罪责推向三公，三公被免职是常事。东汉末，曹操罢去三公而置丞相、御史大夫，曹自做丞相。西汉时的三公制至此终结，魏晋南北朝虽恢复三台制，且开府置幕僚，但实权进一步向尚书台转移，至隋代，三公不再开府，幕僚全部撤销，完全成为虚衔成"优崇之位"。

陈出兵北伐大败

陈太建九年（577）至十年（578）年间，陈军伐北周失利，全军被俘。北周开始伐北齐时，邀陈出兵，约定共分北齐天下。陈宣帝陈顼于太建五年（573）三月，派镇前将军吴明彻为帅领军 10 万攻北齐，淮南失地全部收复，但未乘胜追击。北周灭北齐后，陈宣帝于太建九年（577）十月派吴明彻领兵北伐北周，想与北周争夺徐州、兖州。太建十年（578）二月，陈军围彭城。

周武帝派上大将军王轨救援。王轨率军绕到陈军背后，用铁锁串数百车轮沉入泗水，以阻断吴明彻水军退路。陈将萧摩河力请袭击周军，吴明彻不从。10天之内，水路为周军阻断，北周大军赶来，陈军始突围。吴明彻命萧摩河领骑兵为前锋，自领水师为后继。二十七日，陈军决开堰坝乘水势退兵，到清口（今江苏清江北）被周军所沉车轮困阻，无法入淮河。王轨领兵围陈军，陈军无路可逃，吴明彻与3万士兵全部被俘。仅萧摩河领骑兵突围还师。